ISLAND

»Jeder hat seine Insel / Hier ist er seinem Leben
seinem Tod / am nächsten / und ohne Grenzen //
Viele Namen / hat die Insel / Sehnsucht / Hoffnung
Erinnerung / Traum / viele Namen //
Jeder / hat seine / Insel«

MARGARETHA PICHL-WOLF

MAGISCHES
ISLAND

Michael Arnold

BRUCKMANN

Der Westen
Der Norden
Das Hochland
Der Osten
Der Süden
Reykjavík und der Südwesten
Reykjavík
Vatnajökull
Hofsjökull
1765 m
Langjökull
Mýrdalsjökull
1450 m
Eyjafjallajökull
1666 m
Snæfellsjökull
1446 m
Snæfellsnes
Straumnes
Hornbjarg
Aðalvík
Hornstrandir
Jökulfirðir
Furufjörður
Bjarnarfjörður
Drangajökull
925 m
Bolungarvík
Suðureyri
Flateyri
Ísafjörður
Súðavík
Snæfjallaströnd
Ísafjarðardjúp
Dýrafjörður
Þingeyri
Arnarfjörður
Patreksfjörður
Tálknafjörður
Bíldudalur
Breiðavík
Látrabjarg
Barðaströnd
Flatey
Breiðafjörður
Reykhólar
Hólmavík
Drangsnes
Steingrímsfjörður
Laugarhóll
Trékyllisvík
Gjögur
Reykjarfjörður
Djúpavík
Ófeigsfjarðarheiði
Húnaflói
Hafratindur
923 m
Laugar
Búðardalur
Skarðsströnd
Hvammsfjörður
Stykkishólmur
Hellissandur
Rif
Ólafsvík
Grundarfjörður
Ljósufjöll
1063 m
Rauðamelsheiði
941 m
Búðir
Arnarstapi
Faxaflói
Borgarnes
Borgarfjörður
Reykholt
Húsafell
Akranes
Hvalfjörður
Skarðsheiði
1040 m
Þingvellir
Mosfellsbær
Hafnarfjörður
Garður
Keflavík
Hafnir
Reykjanes
Krísuvík
Kleifarvatn
Grindavík
Hveragerði
Hengill
Selfoss
Eyrarbakki
Stokkseyri
Þorlákshöfn
Ölfusá
Laugarvatn
Skálholt
Flúðir
Geysir
Gullfoss
Hvítá
Skjaldbreiður
1060 m
Hlöðufell
1188 m
Ok
1141 m
Þórisjökull
1350 m
Eiríksjökull
1675 m
Hveravellir
Kjölur
Hrútfell
1410 m
Bláfell
1204 m
Snækollur
1477 m
Kerlingarfjöll
Hvítárvatn
Arnarvatn
Úlfsvatn
Arnarvatnsheiði
Holtavörðuheiði
Brú
Hrútafjörður
Hvammstangi
Vatnsnes
Hóp
Blönduós
Vatnsdalsfjall
Grímstunguheiði
Skagaströnd
Skagaheiði
Skagafjörður
Rifsnes
Sauðárkrókur
Hofsós
Glaumbær
Varmahlíð
Víðimýri
1052 m
Hólar
Siglufjörður
Ólafsfjörður
Dalvík
Hrísey
Eyjafjörður
Grímsey
Akureyri
1471 m
Öxnadalsheiði
Laufás
Svalbarðseyri
Flatey
Skjálfandi
Húsavík
Tjörnes
Öxarfjörður
Kópasker
Melrakkaslétta
Raufarhöfn
Hraunhafnartangi
Þistilfjörður
Þórshöfn
Fontur
Bakkaflói
Bakkafjörður
Ásbyrgi
Vesturdalur
Dettifoss
Grenjaðarstaður
Krafla
Reykjahlíð
Goðafoss
Mývatn
Námaskarð
Skútustaðir
Mývatnsöræfi
Grímsstaðir
Jökulsá á Fjöllum
950 m
Vopnafjörður
Vopnafjörður
Tunguselsheiði
Héraðsflói
Húsey
1251 m
Borgarfjörður
Dyrfjöll
1107 m
Eiðar
Bruarás
Möðrudalur
Skjöldólfsstaðir
Fellabær
Egilsstaðir
Seyðisfjörður
Sænautasel
Jökuldalsheiði
Hallormsstaður
Fljótsdalsheiði
Fljótsdalur
Hengifoss
Reyðarfjörður
Eskifjörður
Fáskrúðsfjörður
Stöðvarfjörður
Breiðdalsvík
Djúpivogur
Papey
Berufjörður
Þrándarjökull
1248 m
Hofsjökull
Snæfell
1833 m
Lónsöræfi
Stafafell
Austurhorn
Höfn
Vesturhorn
Hornafjörður
Lónsvík
Kollóttadyngja
1180 m
Herðubreið
1682 m
Ódáðahraun
Askja
Öskjuvatn
Trölladyngja
1460 m
Dyngjujökull
Brúarjökull
Hvannalindir
Kverkfjöll
Bárðarbunga
2000 m
Tungnafellsjökull
Nýidalur
Vonarskarð
Sprengisandur
Fjórðungsvatn
Skjálfandafljót
Austari-Jökulsá
Blöndulón
Kaldakvísl
Grímsvötn
Grímsfjall
1719 m
Esjufjöll
1522 m
Skálafellsjökull
Tungnaárjökull
Síðujökull
Breiðamerkurjökull
Jökulsárlón
Núpsstaðaskógur
Skeiðarárjökull
Skaftafell
2119 m
Öræfajökull
Núpsstaður
Skeiðarársandur
Lakagígar
Langisjór
Veiðivötn
Þórisvatn
Kirkjubæjarklaustur
Ingólfshöfði
Breiðamerkursandur
Nýja Eldhraun
Meðallandssandur
Mýrdalssandur
Landmannalaugar
1278 m
Torfajökull
Hekla
1491 m
Tindfjallajökull
Þórsmörk
Hella
Hvolsvöllur
Markarfljót
Skógar
Skógafoss
Dyrhólaey
Vík
Stöng
Þjórsárdalur
Vestmannaeyjar
Heimaey
Surtsey
1
41
54
60
61
68
85
867
F28
F37
N
0
25 km
Grönland
Island
Nördlicher Polarkreis
Kulusuk
Narssarssuaq
Reykjavík
Färöer-Inseln
Thórshavn
Stockholm
Oslo
Kopenhagen
Glasgow
London
Hamburg
Luxemburg
Frankfurt
New York
Atlantischer Ozean
0
1000 km

Inhalt

Am Seljalandsfoss-Wasserfall im Süden Islands.

MAGISCHES ISLAND

Am Abend des 26. Februar klingelt mein Telefon. Mein Freund Gudbjartur aus Reykjavík ist am anderen Ende der Leitung. Ein magisches Wort dringt in mein Ohr: »Eruption! Michael, eruption on Hekla!«

Adrenalin wird freigesetzt. Die Naturgewalten auf Island lassen mich immer wieder am eigenen Leib erleben, wie winzig und unscheinbar die Spezies Mensch doch ist. Besonders Naturphänomene wie der Vulkanismus und seine Folgen verstärken diesen Eindruck noch. Sie sind beängstigend und doch auch faszinierend zugleich.

Vor dem Schneesturm

Ich bin wie elektrisiert. Nach etwas mehr als neun Jahren hat der Drift der amerikanischen und eurasischen Kontinentalplatten den am meisten aktiven Vulkan Islands wieder aus seinem Schlummern geweckt. Während in früheren Jahrhunderten Ruhezeiten von hundert Jahren als normal galten, hatte sich der Vulkan zuletzt in den Jahren 1970, 1980, 1981 und 1991 weit häufiger, allerdings zum Glück auch nur kürzer und auch nur schwächer geöffnet.

Dann überschlagen sich die Ereignisse. Am Sonntag packe ich mein Fotoequipment, Rucksack, Schlafsack und sonstige Ausrüstungsgegenstände zusammen. Ich telefoniere noch einige Male mit Gudbjartur. Wettervorhersage: ab Spätnachmittag Schneesturm. 1500 Isländer, die mit Kind und Kegel auf der Flucht vor dem Vulkan unterwegs nach Reykjavík sind, werden davon überrascht und müssen in den Orten Hveragerdi und Selfoss übernachten. Turnhalle und Schulen werden zu Übernachtungsquartieren, jedes Privathaus nimmt gerne jemanden auf, und die Kinder haben am Montag schulfrei.

> *Man trinkt die Schönheit dieser einzigartigen Landschaft in sich ein.*
>
> Scholz

Auf der Hauptverbindungsstraße Nummer eins geht inzwischen gar nichts mehr. Meterhohe Schneeverwehungen. Schlechte Voraussetzungen für mich. Aber trotzdem sitze ich am Montagmorgen im Zug nach Frankfurt und mittags im Flieger nach Island. Sinkflug der Icelandair-Maschine kurz vor der Südküste Islands. Extreme Windböen schütteln die Passagiere durch, sind aber Routine für die erfahrenen Piloten der Boing 757. Scheinbar wehrt sich die Natur gegen das Eindringen des eisernen Vogels.

Nur noch starker Wind. Das Wetter beruhigt sich. Tiefblauer Himmel kurz vor Sonnenuntergang. Ich bin zum Abendessen bei meinem Freund in Reykjavík. Er versorgt mich noch mit wichtigen Informationen über den Straßenzustand und mit der Wettervorhersage. Die Hauptstraße ist wieder frei, vermutlich aber nur für kurze Zeit, denn das nächste Sturmtief ist im Anzug.

Schwarze Asche

Ich fahre in der Nacht noch los, um circa 40 Kilometer westlich des Vulkans auf einem Bauernhof zu übernachten, und komme gerade noch über den Pass Hellisheiði, ehe dieser wegen Schneewehen wieder ge-

Am Vulkan Hekla: Eruption im Februar 2000.

schlossen wird. Am nächsten Morgen ist es fast windstill, keine Wolken am Himmel, Sonnenschein, minus fünf Grad Celsius und viel Schnee.

Schnelles Frühstück, Ausrüstung ins Auto gepackt – gespannt fahre ich los in Richtung Hekla.

Eine 70 Kilometer lange Fahrt liegt vor mir, wenn alles gut geht bin ich in zwei Stunden am Vulkan. Nach 40 Kilometern sehe ich die ersten Auswirkungen der Eruption: von Asche schwarz eingefärbter Schnee.

Auf einsamer Spur

Schwarze Schneeverwehungen – eine unglaublich faszinierende Landschaft, und hier habe ich sie wie für mich allein.

Seitdem ich im Hochland bin, habe ich noch niemanden getroffen. Dicke, schwefel- und aschegeschwängerte Wolken quellen aus dem Vulkan. Ich bin tief beeindruckt von diesem wunderbaren Naturschauspiel.

Trotz Allrad-Antrieb meines Jeeps komme ich wegen des immer höher werdenden Schnees nur sehr mühsam voran und brauche fast drei Stunden für die letzten 20 Kilometer.

Am Nachmittag erreiche ich das Ende eines älteren Lavafeldes des Hekla. Es ragt circa fünf Meter steil auf und ist wild zerklüftet mit scharfkantigem Lavagestein. Durch meine vielen Reisen nach Island ist

das eine vertraute Umgebung für mich. Doch ich muss vorsichtig sein. Die zahlreichen Senken im Lavafeld sind alle mit Schnee gefüllt.

Ich ziehe mit meinem Rucksack los, um auf einem nahegelegenen Hügel meine Fotokamera in Position zu bringen.

Obwohl ich nur etwa zwei Kilometer von meinem Auto entfernt bin, merke ich mir den Weg sehr gut und präge mir markante Stellen ein: Falls ich von einem Schneesturm überrascht werde, ist dies wichtig für die Orientierung.

Das Tor zur Hölle

Jetzt ist es bald 19 Uhr. Endlich geht die Sonne unter, und mit zunehmender Dunkelheit erscheint der Vulkan in einem fremdartigen Licht. Magmakammern leeren sich aus dem Inneren unseres Planeten, rot glühende Lava quillt aus dem »Tor zur Hölle« – auch »Fegefeuer der verdammten Seelen« genannt. Mit einer Geschwindigkeit von einem Meter in der Minute fließen glühende Lavaströme zäh die steilen Abhänge des Feuerbergs hinab.

Hoch oben glitzern die Sterne, und ionisierende Teilchen über der nördlichen Hemisphäre spielen am Nachthimmel: Polarlicht. Eine Szenerie, wie sie nur die Natur kreieren kann – magisches Island!

Ein dumpfes Grollen

Plötzlich dreht der Wind, wird stärker, durchbricht die Stille und trägt nun ein tiefes und dumpfes Grollen zu mir, wie ich es noch nie in meinem Leben gehört habe.

Ich habe ganz die Zeit vergessen – nun ist es schon zwei Uhr morgens. Der Wind wird immer stärker, wirbelt immer mehr Schnee auf. Die Temperatur bewegt sich um minus 13 Grad Celsius, kommt mir aber so vor, als wären es minus 25 Grad. Meine Finger sind klamm. Ich packe meine Ausrüstung zusammen, stolpere zurück zum Auto und verschwinde schnellstens in meinem Daunenschlafsack. So richtig warm wird es mir erst wieder, als ich am nächsten Tag im 42 Grad heißen Badepool sitze – im Freien natürlich, während es schneit: In Island ist das so üblich.

Seit zehn Jahren reise ich nun schon immer wieder auf diese Insel im Nordatlantik. Wenn ich alle Reisen zusammenaddiere, bin ich mehr als zwei Jahre hier gewesen. Aber diese Tour zum Ausbruch der Hekla gehört ganz bestimmt zu den Höhepunkten. Und wenn mich mein Freund Gudbjartur wieder einmal anrufen sollte, um zu sagen: »Eruption on«, dann bin ich wieder dort.

Feuer unter dem Eis

Island erstreckt sich über eine Fläche von 103 000 Quadratkilometer. Kaum ein anderes Land der Welt vergleichbarer Größe bietet ein so kontrastreiches Landschaftsbild: aktive Geysire und heiße Quellen, grollende Vulkane, Wüsten, klare Seen, mächtige Gletscher, tosende Wasserfälle, tiefe Canyons, schwarze Lavasandstrände, beeindruckende Steilküsten, reißende Flüsse, hochalpines Gelände und liebliche Täler. Dieser »Säugling der Erdgeschichte« wurde vor gerade mal 15 bis 20 Millionen Jahren geboren. Zum Vergleich: Auf älteren Kontinenten haben Geologen bis zu 4000 Millionen Jahre alte Steine gefunden. Auf Island sind der Osten und Westen die ältesten Landschaften. Zerklüftete Berge und lang eingeschnittene Fjorde prägen das Bild. Vom Südwesten nach Nordosten zieht sich eine aktive Vulkanzone durch Island. Sie nimmt allein eine Fläche von 25 000 Quadratkilometern in Anspruch – ein Viertel des Landes. Verursacht durch das Auseinanderdriften der amerikanischen und eurasischen Kontinentalplatten verändert sich hier die Landschaft kontinuierlich und so schnell wie nirgendwo sonst in Europa.

Im Herbst 1996 kam es zu einem subglazialen Vulkanausbruch unter dem Eispanzer des Vatnajökull. Der schlummernde Feuerberg Bárðarbunga erwachte. Enorme Hitze aus dem Erdinnern schmolz die einige hundert Meter dicke Eiskappe über dem Vulkan ab. Vatnajökull, der größte Gletscher Europas (8400 Quadratkilometer) hatte eine klaffende Wunde. Riesige Wassermengen flossen unter dem Gletscher zur Caldera, dem Kraterkessel der Grimsvötn, und sammelten sich hier. Ein gewaltiger See entstand unter dem Eis.

Anfang November 1996 kam es dann zum erwarteten Gletscherlauf: Der See entleerte sich plötzlich und füllte die subglazialen Flüsse. Hoher Wasserdruck war der Grund, dass einige Abschnitte der Gletscherzunge regelrecht abgesprengt wurden. Bis hierher hatte das vom Vulkan abgeschmolzene Wasser bereits über 50

Lilia mit ihrem Hund.

Kilometer unter dem Gletscher zurückgelegt. An der Gletscherzunge schoss es ans Tageslicht. Der Straßendamm der Ringstraße, Stromleitungen und einige Brücken fielen der Flutwelle zum Opfer. Brückenpfeiler aus Stahlbeton knickten um wie einfache Streichhölzer.

Einige Stunden lang floss die Flut nur und hinterließ eine völlig neue, fantastisch aussehende Landschaft im Sander. Mächtige, über 100 Tonnen schwere Eisberge lagen verteilt auf einer Fläche von mehreren Quadratkilometern im schwarzen Lavasand, transportiert von der Gewalt des Wassers.

Zwischen den Eisbergen wanderte ich umher und war fasziniert von der Kreativität der Natur. Immer wieder berührte ich mit meinen Händen das Eis – kaum eine von Menschenhand geschaffene Maschine könnte diese großen Eiskolosse auch nur einen Zentimeter bewegen – und genoss die Augenblicke in dieser unwirklichen neuen Landschaft.

Aber auch sie war schnell vergänglich: Im folgenden Sommer spitzten nur noch ganz kleine Reste der Eisriesen aus der Sanderfläche. Abgeschmolzen: Magisches Island!

Holzfeuer und Pfannkuchen

Ich bin auf der Ringstraße zwischen Mývatn und Egilsstaðir unterwegs. Auf der Hochebene Jökuldalsheiði taucht im Nebel das Schild Sænautavatn auf. Ich biege ab. Kaum noch Nebel, es regnet jetzt. Die Piste

Lundi: ein Clown der Lüfte.

wird schlammig, südlich des Sees liegt ein Torfgehöft, Rauch steigt auf. Als ich eintrete, rieche ich den Duft von frischem Kaffee und Pfannkuchen.

Da kommt mir auch schon Lilia entgegen und begrüßt mich herzlich. Im vergangenen Sommer war ich zuletzt hier. Draußen regnet es waagrecht, wie so oft im Hochland. Drinnen sorgt ein Holzfeuer im Herd für wohlige Wärme im Raum und genügend Hitze für die Pfannkuchen in der Pfanne.

Lilia und ihr Ehemann Björn sind Bauern aus dem nahegelegenen Jökuldalur. Sie und einige Freunde haben das alte Gehöft wieder restauriert und bewirtschaften es mit viel Liebe in den Sommermonaten. Eigentlich ist es ja ein Museum, gepaart mit isländischer Gastfreundschaft, urgemütlicher Atmosphäre, traditionell zubereitetem Haifisch, geräucherter Forelle und, und, und ... Lilia und Björn erzählen den Reisenden gerne vom Leben auf dem Gehöft alte Geschichten und Anekdoten.

Sigi begeistert jeden

Fast jeder Isländer spricht englisch und dänisch. Viele können darüber hinaus auch noch deutsch und andere Fremdsprachen. Ganz wenige verständigen sich ausschließlich in ihrer Muttersprache. Wie Sigi: Ihn habe ihn vor einigen Jahren kennengelernt. Er wohnt an der Ostseite des Skeiðarársandur und bringt Islandreisende mit seinem Traktor zu dem an der Küste vorgelagerten Felsplateau Ingolfshöfði: ein Naturjuwel und Vogelparadies.

Als ich das erste Mal mit ihm, einigen englischen Birdwatchers und italienischen Vogelliebhabern unterwegs war, wunderte ich mich. Während Sigi uns über die Insel führte, erklärte er uns mit Begeisterung und Liebe fürs Detail alles Wissenswerte: auf isländisch!

Meine isländischen Sprachkenntnisse sind nicht sehr üppig, aber wenigstens konnte ich seinen Ausführungen halbwegs folgen. Die Anderen nickten immer verständnisvoll. Nach der Führung fragte ich sie, ob sie isländisch sprechen könnten. Alle verneinten, waren aber trotzdem begeistert von dem außergewöhnlichen Ausflug mit diesem außergewöhnlichen Menschen.

Bei einem weiteren Besuch im darauffolgenden Jahr fragte ich ihn dann, wie er üblicherweise damit umgeht, wenn ausländische Touristen kein Isländisch verstehen. Und Sigi antwortete: »Ich spreche lauter!«

Sigi liebt dieses Felsplateau. Er kennt es wie seine Westentasche, respektiert die Natur und die vielen Seevögel, die dort leben und brüten. Seine Begeisterung versteht jeder.

Paradies für Vulkanologen

Island ist sicherlich nicht nur das beste Lehrbuch für allgemeine Geologie, sondern auch ein Paradies für Vulkanologen.

Allein nach der letzten Eiszeit vor etwa 10 000 Jahren gab es auf der Vulkaninsel rund 2000 Eruptionen: Das macht im Schnitt alle fünf Jahre einen Ausbruch eines der rund 300 Vulkane.

Island wurde als letztes europäisches Land erst im neunten Jahrhundert besiedelt. Seit dieser Zeit fanden etwa 200 Ausbrüche von circa 50 Vulkanen statt: Island gehört zu den Ländern mit den meisten Vulkanen der Erde. Auf kleinem Raum befinden sich hier so viele verschiedene Vulkantypen und vulkanische Erscheinungsformen wie sonst irgends auf unserem Planeten. Höchstens die Insel Java kann sich in dieser Beziehung mit Island messen.

Schildvulkan (wegen seines Vorkommens auf Hawaii auch als Hawaiityp bezeichnet): Dünnflüssige Lava aus einem einzelnen Schlot sorgt für eine flache, nahezu runde Form des Vulkans.

Kaum Aschenauswürfe. Im Gelände schwer auszumachen wegen seiner großen Ausdehnung und geringen Neigung. In Island gibt es etwa 30 Schildvulkane. Beispiele: Surtsey, Ok.

Strato-, Schicht- oder Kegelvulkane: Diese Vulkantypen sind auf Island meist mit Eis oder Schnee bedeckt. Geformt aus einigen Asche- und Lavaschichten, weisen sie oft nur einen zentralen Schlot auf. Beispiele: Snæfell, Grimsvötn, Katla, Hekla.

Ringwallkrater: Eine einmalige und gewaltige Explosion lässt einen Sprengtrichter mit Ringwall entstehen. Lava fließt in der Regel nicht. Beispiele: Ludent, Hverfjall. Letzterer gilt als der regelmäßigste und schönste dieser Art.

Tafelvulkane: Dieser Vulkan entsteht unter einer dicken Eisschicht (subglazial). Typisch dafür sind die steil abfallenden Flanken und der Schildvulkan als Kappe. Der Klassiker unter ihnen ist der Berg Herðubreið (1682 m) nördlich vom Vatnajökull. Herðubreið wird als »Königin der isländischen Berge« bezeichnet.

Pseudokrater (Pseudovulkane): Wie der Name schon sagt, sind das eigentlich keine Vulkane. Sie entstehen, wenn ein glühender Lavastrom über Feuchtgebiete oder Wasser fließt. Durch verdampfendes Wasser kommt es zu einer Explosion, und dabei bilden sich Krater in der Lava.

Diese eigenartige Form des Vulkanismus existiert nur auf Island. Sehr ausgeprägt ist sie am Mývatn und bei Kirkjubærklaustur zu bewundern.

Linear- oder Spaltenvulkane: Diese Vulkane sind charakteristisch für die Insel im Nordatlantik. Sie entstehen durch Spaltenbildung in der Erdkruste. Die Lava ist dünnflüssig, es kommt zu Explosionen mit Aschenauswurf.

Ursprünglich war der Vulkan Hekla ein Linearvulkan, aufgrund seiner häufigen Eruptionen hat er sich aber zu einem lang-

gestreckten Stratovulkan entwickelt. Im Jahr 1984 kam es zum jüngsten Ausbruch eines Spaltenvulkanes im Krafla-Gebiet (Leirhnúkur).

Die größte Katastrophe mit den verheerendsten Auswirkungen hatte der Ausbruch der so genannten Laki-Kraterreihe, die zwischen den Gletschern Mýrdals- und Vatnajökull liegt.

Im Juni 1783 kam es zu einem gewaltigen Basaltausbruch des Linearvulkans Laki. Eine 25 Kilometer lange Spalte tat sich auf, aus etwa 120 Einzelkratern ergossen sich 12,5 Kubikmeter Lava und bedeckten eine Fläche von 565 Quadratkilometern.

Mehrere Millionen Kubikmeter giftiger Asche bildeten eine riesige Aerosolwolke, die den Himmel verfinsterte und das Klima auf der nördlichen Hemisphäre veränderte. Wasser und Wiesen wurden durch den Ascheregen vergiftet, die Temperaturen fielen. Dies führte zu einer großen Hungersnot in Island.

Zwanzig Prozent der Bevölkerung, das sind mehr als 10 000 Menschen, kamen in den Jahren 1783 bis 1786 durch die Folgen des Laki-Ausbruchs ums Leben. Allein im Winter 1783/84 gingen außerdem 77 Prozent der Pferde und 80 Prozent der Schafe zugrunde. Sogar in Südeuropa und im Vorderen Orient wurde ein bläulicher Dunst am Himmel wahrgenommen.

Damals war der Zusammenhang mit der isländischen Vulkankatastrophe allerdings noch nicht bekannt.

Wintersturm an der Südküste.

Wen die Begeisterung nicht erfüllt, der lässt sich durch Kälte und Sturm bald verjagen.

MOHR

Goðafoss: Wasserfall der Götter.

Schwarzer Lavasandstrand.

Oh seltsam Gemisch du von Frost und von bluten, von Bergen und Wüsten, Lava und Meer, bist schön, doch auch furchtbar, denn drohend umfluten dich Flammen gar oft von den Schneebergen her.

BJARNI THORARENSEN

Nordisland: Stalagmiten aus Eis.

Wettersturz: Nichts ändert sich in Island schneller als das Wetter.

Das große Geheimnis
sind die Quellen / die uns immer wieder speisen
und die Kräfte / die uns zuströmen
immer wieder / wunderbar

MARGARETHA PICHL-WOLF

Mond über dem Kverkfjöll.

Wolkenzauber um Mitternacht über dem Mýrdalsjökull.

Ewig bleibt die stumme gewaltige
Natur dieses Landes: als unvergesslichen Eindruck
für unser Leben nehmen wir diese
Bilder in uns mit nach Hause.

KOLLATH

Lichtspot in den Bergen bei Hranneyalón.

Mýrdalssandur: Von den Sandstürmen gezeichneter Wegweiser.

Sein und Wirklichkeit verschwinden,
losgelöst von allem Irdischen, sind wir ein
winziges Teilchen des Alls!

BUCHHEIM

Herðubreið (1682 m): die Königin
der isländischen Berge.

Treibholz aus Sibirien: Getragen von den Meeresströmungen, landet es meist an der Nordküste von Island.

Fremd stehst du unter weitem Himmel
fremd und mit leeren Händen //
Die Wolken ziehen / und nehmen dein
Herz mit fort / für immer

Margaretha Pichl-Wolf

Dyrhólaey, an der Südküste, von den Seefahrern früher auch »Portland« genannt. Entstanden ist das Plateau mit dem Felstor durch einen submarinen Vulkanausbruch vor etwa 80 000 Jahren.

Bizarres Eis und Nebel über dem Jökulsárlón.

Die blauen Fernen / sind unser Schicksal
die blauen Träume ziehen mit uns dahin
und ihr Flügelschlag hebt uns / ins Licht

MARGARETHA PICHL-WOLF

Götterdämmerung: Aufklaren im Hochland.

Ausbruch des Vulkans Hekla im Frebruar 2000.

FEUERINSEL AM POLARKREIS

Island im hohen Nordwesten Europas ist eines der kleineren Länder dieses Erdteils. Es liegt direkt unterhalb des Polarkreises und zählt rund 282 000 Einwohner. Nicht die geringe Bevölkerungszahl ist erstaunlich, sondern die Tatsache, dass Isländerinnen und Isländer überall auf der Welt anzutreffen sind: auf dem Siegerpodest der Olympischen Spiele in Sydney, im ewigen Eis der Pole, als Laden- oder Hotelbesitzer an populären Stellen Europas, als Reporter in aller Welt, als diplomatisches Corps im Jet Set, als herausragende Künstler an der Scala und der Metropolitan Opera, als Schiffer auf allen sieben Weltmeeren, an der Börse in New York, bei der Expo Hannover in ihrem populären Pavillon, auf dem Gipfel des Mount Everest, als helfende Hand in Krisengebieten oder als Reisende überall auf der Welt. Die Frage mag sich stellen, ob überhaupt noch jemand auf der Heimatinsel zugegen ist, ob den Volkszählern nicht ein Großteil der Staatsbürger entgangen sein mag. Aber die Erhebungen stimmen, seit in Island die weltweit erste, umfassende Volkszählung der Neuzeit im Jahr 1703 durchgeführt wurde. Die Isländer sind ein kleines, seit der Wikingerzeit reise- und unternehmungslustiges, vor allem aber selbstbewusstes Völkchen, das zusammenhält und durchaus darüber orientiert ist, wo die einzelnen Mitglieder der übersichtlichen Gemeinschaft jeweils stecken und was sie bewegt.

> Wähle einen festen Platz
> wenn du nahe / am Abgrund
> wurzeln willst
>
> Margaretha Pichl Wolf

Im Getriebe großer Länder gelten die Kleinen häufig als kurios, als unvollständig oder als »noch nicht so weit«, als wären sie jüngere Geschwister. Auf das kleine Island, das in einigen Bereichen führend und in anderen richtungsweisend ist, trifft diese Unterstellung jedenfalls nicht zu, wie nachfolgend zu sehen sein wird.

Inselbewohner tun gut daran, autark zu sein. Die Isländer sind es in mehrfacher Hinsicht. Sie sorgen durch Wasserenergie für den eigenen Strom und nutzen dazu nicht einmal knappe zehn Prozent der insgesamt verfügbaren Energie. Und dank des in den meisten Landesteilen reichlich vorhandenen heißen Wassers aus dem Erdinnern ist die Insel auf recht anheimelnde Weise wärmetechnisch autark – sogar die Bürgersteige der Hauptstadt werden mit Abflussenergie beheizt und ersparen den Passanten gefahrvolle Situationen während der kalten und unwägbaren Wintermonate.

Wo Heißwasser nicht von selbst an die Oberfläche tritt, wird danach bis in eine Tiefe von knapp drei Kilometern gebohrt. Ein großes, erst vor rund zehn Jahren intensiv erschlossenes Thermalfeld liegt in Nesjavellir am Rande des Hegill-Bergzuges rund 27 Kilometer östlich von Reykjavík und versorgt einen umfassenden Teil der Hauptstadt mit erneuerbarer Heizenergie. Den Rest steuern seit dem Jahr 1930 die »alten« Quellen mitten im Stadtgebiet sowie im nahen Tal Mosfellsdalur bei.

Viele Gemeinden rund um die Insel erfreuen sich des heißen Wassers ebenso wie die Hauptstadt, und wo immer es möglich ist, wird ein Schwimmbad gebaut. Schwimmen zu lernen ist Pflichtfach der Grundschulen, und die Bademöglichkeiten im natürlich heißen Wasser reichen von herrlichen öffentlichen Bädern über die supermoderne Blaue Lagune auf der Halbinsel Reykjanes, versteckte kleine Becken irgendwo am Meeressaum oder am Rande der Besiedlung, von denen in der Regel nur die Einheimischen etwas wissen, bis hin zum Hochland mit dem warmen Bach in Landmannalaugar oder dem Kratersee Víti.

Die Behauptung, dass Island ohne seine Erdwärme kaum bewohnbar wäre, ist nicht von der Hand zu weisen – jedenfalls bevorzugten schon die ersten Christen Islands, die nach biblischem Vorbild zur Taufe in die Fluten stiegen, warme Quellen ...

Fachwissen und Technologie, die die Isländer bei der Ausnutzung von Thermalenergie entwickelt haben, werden an dem vom Energieamt Islands und den Vereinten Nationen in Reykjavík unterhaltenen Erdwärme-Institut an Studenten aus aller Welt weitergegeben. Auch am Nordischen Vulkanologischen Institut, das der Universität von Reykjavík angegliedert ist, studiert und forscht ein buntes Völkchen und profitiert von der isländischen Erfahrung mit Erdbeben und Eruptionen.

Das letzte größere Beben traf im Jahr 2000 am Nationalfeiertag, dem 17. Juni, einige Ortschaften und Landkreise im erhöht erdbebengefährdeten Südisland mit einer Stärke von 6,6 auf der nach oben hin offenen Richter-Skala. Dank der soliden Bauweise, die auch in weniger gefährdeten Landesteilen bindend ist, waren keine Menschenleben zu beklagen, aber beträchtliche Materialschäden .

Stóra Geysir: der Namensgeber.

Die Erfahrung mit Vulkanen hat die Isländer seit ihrer Landnahme begleitet und ist bereits in frühesten Annalen dokumentiert. Der bekannte Vulkan Hekla in Südisland richtete kurz nach der Landnahmephase erste überlieferte Schäden an, erstickte mit seiner giftigen Asche einige Höfe und Tausende Hektar fruchtbaren Landes, die für immer für die Landwirtschaft verloren waren. Die Grundmauern des Hofes Stöng konnten gefunden und von der Asche des Jahres 1104 befreit werden.

Je nach Windrichtung beschränken sich die Schäden nicht auf die nähere Umgebung eines Vulkans. Fluor-Niederschlag kann das Wasser und die Weiden weiter Landesteile in Mitleidenschaft ziehen. Eruptionen unter dem Gletschereis haben ihrerseits fruchtbares Land in Südisland vernichtet und es mit schwarzem, kahlem Sand überlagert. Flüsse, die am Gletscherrand zu Tage treten, genaugenommen aber unter der Eisdecke entspringen, sind so unberechenbar, dass die sicherste Wegeverbindung entlang der Südküste bis ins späte 20. Jahrhundert über zerfurchte Gletscherzungen führte oder durch Fähren übernommen werden musste. Doch die im Jahr 1974 so stolz eröffnete Brücke, die die Hauptstraße rund um die Insel als letztes Bindeglied erschloss, verschwand 1996 bei einem gewaltigen Gletscherlauf, entstanden in Grímsvötn unter Europas größtem Gletscher Vatnajökull. Hier im Landessüden bewiesen die Isländer dem Rest der Welt, nachdem sich die Fluten verzogen hatten, wie man erfolgreich auf Sand baut: Die neue Brücke im Sandervorland des Gletschers reicht gut für den gesamten Verkehr, ist jedoch nachgiebig genug, um den möglichen Schaden bei neuen Gletscherläufen zu begrenzen.

Und es gibt noch einen Bereich, in dem die Isländer Zeichen setzen: Fischerei, Fischindustrie und Fischereipolitik. Eine jahrhundertelange Geschichte der Ausbeutung nordatlantischer Fischgründe durch Nationen aus Europa und Skandinavien, einschließlich der drohenden Ausrottung verschiedener Walarten, lag hinter den Isländern, als sie sich während der so genannten Kabeljaukriege im 20. Jahrhundert entschlossen, mit friedlichen Mitteln ihr Hoheitsgebiet rund um die Insel Schritt für Schritt auf 200 Seemeilen auszudehnen. Dieses Ziel erreichten sie im Jahr 1975 und schufen damit einen Musterfall im internationalen Meeresrecht: Die 200-Meilen-Zone ist heute nicht nur international anerkannt, sondern wird auf alle Länder

angewandt, die Küstengebiete ihr eigen nennen. Somit gehört Islands Fisch nun seit rund 25 Jahren endlich den Isländern selbst. Auf ihm basiert der Wohlstand; er bringt rund 60 Prozent der Exporteinnahmen ein und schafft nicht zuletzt in einigen abgelegenen Landesteilen die Grundlage für das Überleben.

Das erste artengebundene Walfangverbot wurde im Jahr 1913 erlassen, und seit 1989 ist der Walfang völlig eingestellt, obwohl es immer wieder Stimmen gibt, die in den Riesen des Meeres eine Konkurrenz der Fischer sehen und auf die Tonne ausrechnen, wieviel Fisch jährlich im Rachen der Zahnwale und nicht zuletzt in denen der reichlich vorkommenden Robben verschwinden. Das strenge Quotensystem, das Fangobergrenzen für bestimmte Fischarten und Fischgründe festlegt, findet im Ausland immer mehr Anklang; auch hier zeigte sich Island als richtungsweisend.

Diese führende Rolle und moderne Extravaganzen scheinen den Isländern nicht schlecht zu gefallen – ohne Arroganz allerdings, denn dazu haben sie einfach zu viel Humor. So huldigen sie beispielsweise dem unterhaltsamen Zahlenspiel der Pro-Kopf-Berechnung, um ihre Stellung in der Welt zu erfassen. Danach verfügt kein Land der Erde über so viele Internet-Anschlüsse wie Island. Nirgends in Europa wird so viel gearbeitet, nämlich bis zu 48 Wochenstunden durchschnittlich. Kein Land hat so viele Schriftsteller, gemessen an der Bevölkerungszahl. Der Geburtenüberschuss ist nirgends in Europa so hoch und die Säuglingssterblichkeit nirgends so niedrig, und in keinem anderen Land sind die Menschen so zufrieden wie ausgerechnet im harten, dünn besiedelten und abgelegenen Inselstaat. Der Lebensstandard ist – gemessen an anderen Ländern – außerordentlich hoch, was die Isländer nach Jahrhunderten der Entbehrung mit Recht stolz auf ihre Leistungen der jüngsten Vergangenheit macht.

Geister, Elfen und Trolle

Wie aber kommt es, dass eine Nation, die ihre Probleme ganz offenbar beispielgebend löst, an Geister, Elfen, Unsichtbare und Trolle glaubt wie sonst nur ein Naturvolk?

Eine schlüssige Antwort wird sich kaum finden lassen, denn die Isländer selbst antworten mit einem entwaffnenden »Warum nicht?«. Schließlich gestehen bei spontanen Umfragen mehr als 60 Prozent der Bevölkerung ein, an unsichtbare, mythische Wesen zu glauben. Zumindest räumen sie ihnen ein angestammtes Existenzrecht auf ihrer Insel ein, die bei einer Siedlungsdichte von weniger als drei Personen pro Quadratkilometer über genügend Platz und geheimnisvolle Orte für die unterschiedlichsten Völkerschaften verfügt, seien sie greifbar oder nicht.

Seit einigen Jahren erstellen Seher und Seherinnen Elfenkarten und -stadtpläne, und die Elfenschule in Reykjavík vermittelt in Abendkursen Einblicke in das Leben der Verborgenen. Dort werden zudem systematisch Berichte von Begegnungen mit den nur für wenige Menschen sichtbaren Wesen gesammelt.

Hekla: Vulkanausbruch im Februar 2000.

Aber wenn sie wollen, können sich die Verborgenen, die vorzugsweise in Hügeln oder Felsen residieren, jedem von uns zeigen: Vermutlich zählen die Trolle, Elfen, Zwerge und Verborgenen genauso wie der Polarfuchs, der die Insel offenbar auf Treibeisschollen erreichte, zu den legitimen Ureinwohnern Islands. Immerhin spricht die im 13. Jahrhundert niedergeschriebene, vorher mündlich überlieferte Edda von einer Vielzahl an Geschöpfen, die sowohl *auf* als auch *unter* der Erde vorkamen. Die Edda schildert, dass aus der Verbindung von Trollen und Menschen Kinder hervorgingen, die sogenannten Halbtrolle, und dass nicht wenige Trolle und Zwerge von den teilweise kriegerischen Göttern ins mythologische Jenseits befördert wurden, in das Totenreich Hel. Märchen berichten von Elfenfrauen und -männern, die aus Liebe bis zu ihrer Entdeckung im Menschenreich lebten und dort wie auch im Elfenreich Kinder hatten.

Solche Märchen stimmen ihre Leser traurig, weil sie die Unvereinbarkeit der Welten schildern: Nach der Entdeckung gibt es trotz allen guten Willens der Liebe kein Bleiben mehr. Menschen lernen aus den Märchen, lieber unter sich zu bleiben und den Verborgenen nur mit äußerster Vorsicht in ihre Felsbehausungen folgen, weil die Gefahr besteht, für immer dort bleiben zu müssen. Ein einfacher Trick ermöglicht jedoch den Grenzgang: Lassen Sie, wenn Sie von Verborgenen um Beistand gebeten werden, was vor allem bei komplizierten Geburten der Fall sein kann, vor der Felsenpforte etwas Persönliches zurück, einen Handschuh vielleicht oder ein Halstuch. Nur so können Sie sicher sein, nach geleisteter Hilfe Ihre Lieben in der Menschenwelt wiederzusehen ...

Die alten Handschriften überliefern nicht nur Informationen zum Leben und Treiben der verborgenen Wesen und dem komplizierten Kosmos der alten Götter, sondern auch zur Besiedlung des Landes, ja sogar wie es dazu kam. So widersetzten sich norwegische Bauern und Wikinger im neunten Jahrhundert dem zügellosen Machtstreben ihres Königs Harald Schönhaar, indem sie nach Island, der nur von wenigen irischen Einsiedler-Mönchen bewohnten Nordmeer-Insel, auswanderten. Auf ihren auch zu Handelsfahrten und Küstenpiraterie geeigneten Schiffen, den Knörr, beförderten sie Familie und Gesinde, Gerätschaften und Haustiere und segelten in wochenlanger, gefahrvoller Fahrt über den offenen Nordatlantik. Viele der Auswanderer ließen die Götter den zukünftigen Wohnort in Island wählen. Ingólfur Arnason, der erste Siedler von Reykjavík, schlug zunächst in Südisland Quartier auf und war dort recht zufrieden. Seine Hochsitzsäulen aber, die er beim Anblick Islands über Bord geworfen hatte, damit sie dort an Land gespült würden, wo es den Göttern beliebte, waren noch nicht aufgetaucht. So schickte er zwei Sklaven nach ihnen aus. Die Männer waren lange unterwegs und fanden die Säulen schließlich in einer kleinen Bucht, dem heutigen Reykjavík. Das Land schien ihnen wenig fruchtbar, die Gegend unattraktiver als dort, wo ihr provisorisches Quartier lag, und sie wurden missmutig. Aber am Willen der Götter war nichts zu rütteln. Zwischen Teich und Küste entstand dort, wo heute das Herz von Islands Hauptstadt schlägt, das Gehöft von Ingólfur und seiner Frau Hallveig, und nach den Berichten erging es ihnen dort nicht schlecht.

Bald war die ganze Insel bis auf das unwirtliche Inland in Besitz genommen. Auch Landstriche, die heute verlassen sind, wie Hornstrandir ganz im Norden der Westfjorde, waren besiedelt. Und nachdem sich alle einigermaßen eingerichtet und gelernt hatten, mit den neuen Umständen fertig zu werden, gingen sie daran, eine Volksversammlung zu gründen. Die Insel wurde nach den Himmelsrichtungen in vier Bezirke unterteilt. Jeder hatte seine eigene Obrigkeit, die Goden. Sie konnten schwierige juristische Fälle an das Althing weiterleiten, eine Art Generalversammlung, die mit verbindlichen Kompentenzen für das ganze Land ausgestattet war. Hier wurden die Gesetze verkündigt, hier wurde gerichtet, aber es wurde auch gefeiert. Viele Bekanntschaften entstanden und Ehen wurden versprochen oder geschieden, Verwandtschaft wurde gepflegt. Ab dem Jahr 930, der Gründung des Althings, war Þingvellir im Süden Islands der Rahmen dieser jeweils zwei Wochen dauernden Versammlung und verlor diese führende Rolle erst 1789 an Reykjavík, nach insgesamt 859 Jahren.

Þingvellir ist heute ein Nationalpark. Das Thingfeld wird von Lavaspalten durchzogen, die sich von Südwest nach Nordost erstrecken und jährlich um etwa einen Zentimenter auseinanderdriften. Hier ist die Erde aktiv, hier verläuft der Mittelatlantische Rücken. Eine der Spalten ist so geräumig, dass sie einen Großteil der damaligen Bevökerung Islands aufnehmen konnte: Sie heißt Almannagjá, die Schlucht Aller. Dort stand der Gesetzessprecher und gab zu verstehen, was Recht und Unrecht war. Dort wurden schicksalsschwere Entscheidungen für das ganze Volk getroffen, wie im Jahr 1000, als die Konflikte zwischen den Anhängern des alten Glaubens und des Christentums den Frieden im Land bedrohten. Schließlich wurde entschieden, dass ganz Island christlich werden sollte. Wer dies nicht mit seinem Gewissen vereinbaren konnte, durfte sich auf die offizielle Duldung berufen, weiterhin den alten Göttern zu huldigen – wenn es nur im Stillen geschah: Ein wahrhaft salomonisches Urteil, das bekundet, wie stark der Wille der Isländer nach Zusammenhalt auch damals schon war.

Zunächst schloss sich in den Jahren 930 bis 1262 eine Blütezeit des jungen Staates an. In Klöstern und auf reichen Höfen wurden die Sagas niedergeschrieben, Islands großer Beitrag zur Weltliteratur. Noch verfügten die Isländer über seetüchtige Schiffe und hatten den Handel mit anderen Völkern selbst in der Hand. Sie bereisten die Welt und stießen von Grönland, aber auch von Island bis nach Nordamerika vor. Neben dem Seefahrer Leifur Eiríksson richtete auch dessen Halbschwester Freydís ein Expeditionsschiff aus und bewältigte die Fahrt über den Atlantik zum neuen Kontinent.

Aber Frieden wird nicht von oben erlassen. Alle sollten dazu beitragen, was für diejenigen problematisch wird, die zurückstecken müssen oder nach Macht streben. Im Island des 13. Jahrhunderts erhoben sich aus Sippenfehden und dem ungebändigten Wunsch nach Vorherrschaft so gravierende Konflikte, dass sie das Eingreifen des norwegischen Königs notwendig zu machen schienen.

Der Weg zur Selbstbestimmung

Selten sind Monarchen selbstlos, wenn sie auf den Plan gerufen werden. Der damals amtierende Håkon erkannte die Gelegenheit, Einfluss auf die abtrünnigen Isländer und ihren Wohlstand zu erlangen, und – er zögerte nicht. Das zwistige Island geriet im Jahr 1262 unter die norwegische Krone sowie durch Erbfolge und den Vertrag von Kalmar unter die dänische.

Mit dem Verlust der Unabhängigkeit begann der wirtschaftliche Abstieg. Zunächst verloren die Isländer ihre Fischrechte, dann die Schiffe und zuletzt die Entscheidung über den Handel. Eine fast siebenhundert Jahre dauernde Epoche der gnadenlosen Ausnutzung, der Fremdbestimmung und finsteren Rechtssprechung setzte ein. War die härteste Strafe während der Sagaepoche die Verbannung, wurde nun mit Grausamkeiten und Unrecht nicht gezaudert, und mit dem wachsenden Einfluss der Kirche entstanden sittliche Normen, die von Menschen aus Fleisch und Blut kaum zu erfüllen waren. Ungezählte Frauen wurden wegen einer damals als Gesetzesverletzung angesehenen Schwangerschaft ertränkt, und fast dreißig Personen, nahezu ausnahmslos Männer, mussten ihr Leben nach dem Vorwurf der Zauberei auf dem Scheiterhaufen beenden. Selbst ein Bischof wie Jón Gerreksson zog schamlos plündernd mit seinen Mannen durchs Land.

Der dänische Monarch entwand der Hanse und den Vertretern der britischen Krone nach und nach die Handelsrechte seiner Kolonie Island und vergab sie nach dem Jahr 1662 ausschließlich an Kaufleute des eigenen Staates. Der Monopolhandel gab den Isländern salopp gesagt den Rest; sie waren auf so viele lebensnotwendige Waren wie Angelschnüre, Getreide, Werkzeuge, Kerzenwachs und auf ein wenig Luxus wie Honig, Malz, Tabak oder gutes Tuch zu fairen Preisen angewiesen und mussten doch nehmen, was kam – auch wenn das Getreide voller Maden war.

Vogelfelsen Dyrhólaey.

Aus vielen stolzen Höfen der Landnahmezeit wurden ärmliche Katen auf schmaler Selbstversorgerbasis, während es andere gab, die sich mit Hilfe der Dänen besser über Wasser hielten, vom Zehnten profitierten und die Fäden in der Hand hielten. Waren die Landnehmer noch weitgehend gleich, so spalteten nunmehr bittere Armut einerseits und obrigkeitshöriges Gewinnstreben andererseits das isländische Volk. Keine der geistigen Epochen, die Europa nach dem Mittelalter bewegten, prägte Island. Doch dank ihrer mittelalterlichen, immer wieder rezitierten Sagaliteratur bewahrten die Isländer ihre Sprache, und in diesem armen und resignierten Volk gab es kaum ein Kind im Konfirmationsalter, das nicht wenigstens lesen konnte.

In ihrer ökonomisch ohnmächtigen Lage trafen Naturkatastrophen die Isländer besonders hart. Die Bevölkerungszahl sank drastisch, und nach 1875 setzte eine Auswanderungswelle ein. Doch da zeichnete sich bereits die Hoffnung auf neue Unabhängigkeit am Horizont ab. Romantik und nationale Ideale strömten über Kopenhagen nach Island, schlugen Wurzeln und belebten den Unabhängigkeitsgeist aufs Neue.

Im Jahr 1918 erhielt Island nach einem intensiven, friedlichen Freiheitskampf seine Selbstbestimmung, 1944 rief es in Þingvellir seine Unabhängigkeit aus.

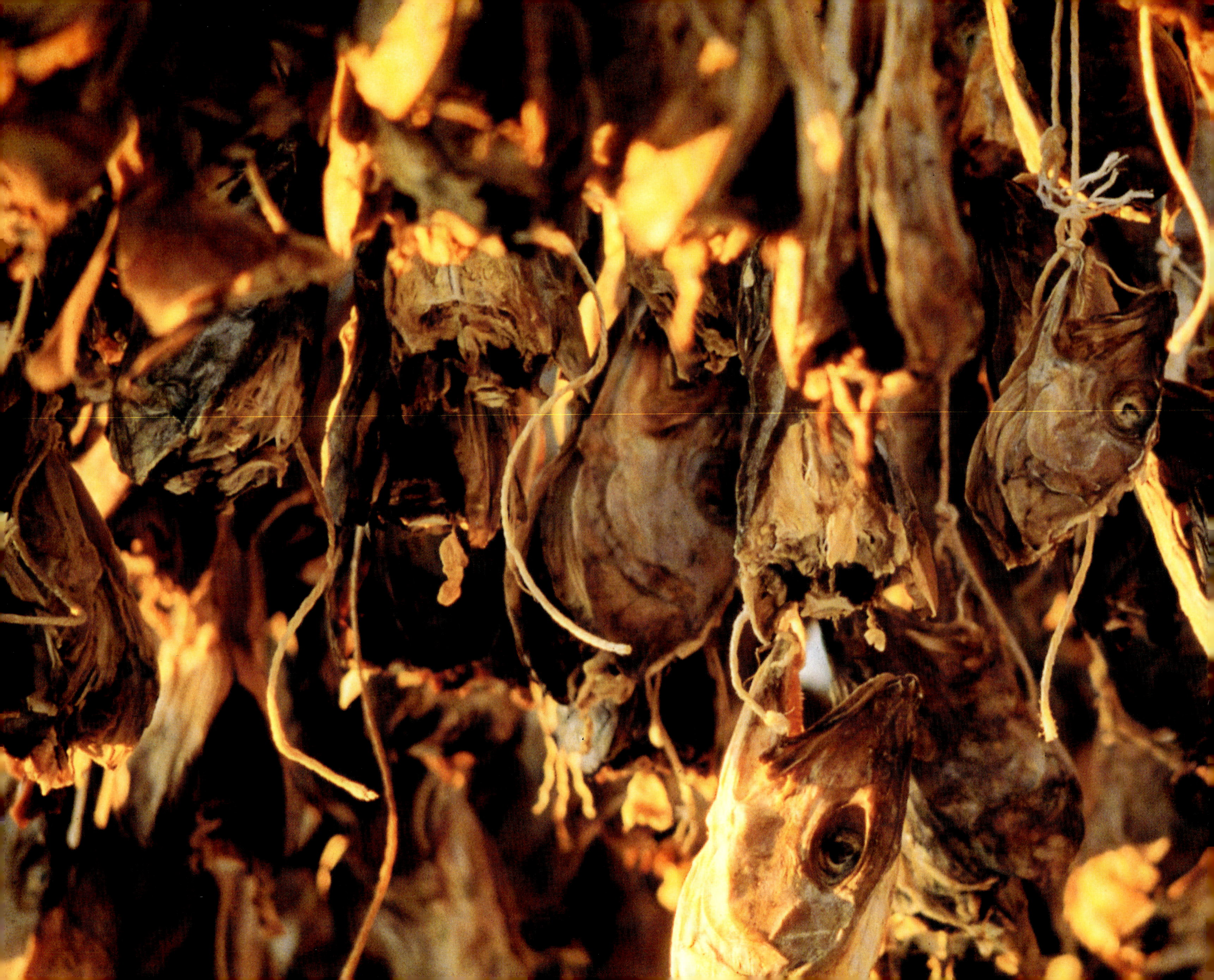

Geotherme.

Kennst du die Sehnsucht / wenn man heimisch
werden möchte / unter fremdem Himmel
in einem fremden Land / das zutiefst zu dir spricht
und dich nie mehr los lässt //
Kennst du die Sehnsucht Heimat

Margaretha Pichl-Wolf

Stockfisch: Durch maschinelle Trocknung werden die hölzernen Trockengestelle immer seltener an den Küstenlandschaften.

Herz im Eis.

Keine Feder ist imstande,
den Eindruck wiederzugeben, den
die isländische Gletscherwelt bot.

Pudor

Gletscherzunge Skaftafellsjökull: Einer der vielen Ausläufer des mächtigen Eispanzers Vatnajökull, des größten Gletschers in ganz Europa.

Der noch junge Gletscherfluss Jökulsá á Fjöllum.

Und ich weinte / eine große Träne
in der tiefen Nacht / die mich ganz erfüllte //
als ein Morgen kam / blieben wir vereint
ich / die Träne / und die Nacht //
für alle Zeit

Margaretha Pichl-Wolf

Die Mai-Sonne zeichnet einen Regenbogen in die Gischt des Háifoss und vertreibt mit ihrer Wärme Eis und Schnee.

Mit dem Boot auf dem Jökulsárlón.

Zu sehr sind wir erstarrt / leben in Gewohnheiten
glauben uns in Sicherheit // Doch keine Insel ist sicher
kein Fluß kein Ufer festgelegt / für ewige Zeit //
Das Leben strömt / dahin ins Unbekannte //
Lass auch du dich / verströmen / verändern

MARGARETHA PICHL-WOLF

Háifoss (122 m): Der zweithöchste Wasserfall Islands.

Bizarre Eisformen im Gletscher.

O Island, du Feuer – Eis – Felsen im Meere –
wer dich einmal besucht hat, rastet und ruht nicht,
bis er dich wieder gesehen hat.

PUDOR

Am Fuß des Svartifoss im Skaftafell-Nationalpark.

Ein treuer Gefährte.

Alle Isländer sind so etwas wie realistische Phantasten, das ist ihre Stärke.

Poul Vad

Das »Butterfass« in Aktion: Im Zehn- bis Fünfzehnminutenrhythmus schickt der Geysir Strokkur eine gewaltige heiße Wasserfontäne gen Himmel.

Der Fels »Karl« an der Südspitze von Reykjanes.

REYKJANES UND DAS HAUPTSTADTGEBIET

Der erste Eindruck fast aller Islandbesucher, die mit dem Flugzeug anreisen, pendelt zwischen leichtem Frösteln und dem Gefühl, wie entwurzelt vor dem modernen, isoliert in der Lava liegenden Terminal zu stehen. Der irritierte Blick streift über Steinwälle, Parkplätze und glänzende, in den Himmel ragende Metallskulpturen. Es mag Sommer sein, und die Nacht ist doch hell. Es mag Winter sein, und der Tag ist doch dunkel. Nahezu unfassbar: Eine versehentliche Landung in einer vergessenen Welt? Wie vielfältig sind die Erwartungen, die mit Island verbunden werden: Steinwüsten, glitzernde Gletscher, moosbezogene Lavafelder, Vulkane und heiße Quellen, endlose Fernsicht mit farbenfrohen Bergen am Horizont, das Rauschen des Meeres mit zufrieden blinzelnden Seehunden und lustigen Papageitauchern, das Hochland mit den schmückenden Schafen und die gewaltigen Wasserfälle ... Das meiste liegt nur ein paar Steinwürfe vom Terminal entfernt. Der Mikrokosmos der Halbinsel Reykjanes hat fast alles: Krater und Lavafelder, Steilklippen mit lärmenden Zugvögeln, winzige Fischerdörfer und einen herrlichen Badesee; nicht zuletzt Lavaspalten, die die Kontinentalverschiebungs-Theorie von Alfred Wegener vorzüglich dokumentieren.

Puzzleteilchen des Urkontinents Pangäa

An dieser Stelle bietet es sich an, Island in Gedanken kurz zu verlassen, ein Plätzchen auf einem nahegelegenen hübschen Satelliten zu beziehen und Kontinente und Meere von oben zu betrachten. Wegener stellte im frühen 20. Jahrhundert fest, dass alle Erdteile Puzzlestücke des Urkontinents Pangäa sind und durch die Erdtätigkeit entlang bestimmter Gräben und Rücken auseinandergepresst werden. Diese Gräben und Rücken sind mit Vulkanen besetzte Erdbebenzonen. Nirgends in Europa bestätigt sich Wegeners Theorie so deutlich wie in Island, einem seiner wichtigsten Forschungsgebiete. Der mittelatlantische Rücken, der Europa und Asien von Amerika trennt, zieht sich in Spalten, die von Südwest nach Nordost verlaufen, durch Island und ist besonders gut auf der Halbinsel Reykjanes zu sehen. Rund um den geheimnisvollen See Kleifarvatn liegen aktive Erdbebengebiete. Die ganze Halbinsel Reykjanes ist von unfruchtbarer Lava bedeckt.

Die Blaue Lagune, ein Badewunder von Menschenhand, liegt mitten in der bizarren Lava. Tief aus dem Erdinnern wird heiße Minerallake gepumpt, die ein Energieaustauschwerk durchläuft und nicht nur die Region Reykjanes mit genügend Heißwasser versorgt, sondern auch den einmaligen, milchig blau schimmernden Badesee speist.

Die Küsten von Reykjanes sind in der Regel schroff, verfügen jedoch über einige gut zugängliche Vogelfelsen. Die kühle Gischt des Nordatlantiks, der steil abfallende Fels und die lärmenden, brütenden Meeresvögel bilden eine wildromantische Islandkulisse.

> Strecke deine Hand aus
> in die Unendlichkeit / greife nach dem
> Himmel / und den Sternen über dir //
> Löse die Hand / von der Erde
>
> Margaretha Pichl-Wolf

In der Stadt Hafnarfjörður westlich von Reykjavík erinnert die Cuxhavenstraße an jahrhundertelange Beziehungen zu Norddeutschland, die ihren Höhepunkt mit den Handelsschiffen der Hanse im 14. und 15. Jahrhundert erlebten. Heute ist die Fischerstadt Hafnarfjörður, deren malerischer, alter Stadtkern in ein Lavafeld gebettet ist, vor allem als Zentrum modernen Wikingerkults bekannt. Die hellsichtige Erla Stefánsdóttir hat in der Lava zahlreiche Wohnstätten diverser zurückgezogener, unsichtbarer Völker und Familien entdeckt. Ein offizieller Stadtplan verzeichnet diese Siedlungen. Es bringt nämlich kein Glück, sich in ihrer Nähe lauthals zu streiten, und bei Baumaßnahmen empfiehlt sich äußerste Rücksichtnahme. Die in der Regel verträglichen

Unsichtbaren rächen sich für Belästigung oder gar Zerstörung ihrer Behausungen nicht selten mit Anschlägen auf teure Baumaschinen und versuchen so, die Vorhaben des sichtbaren Teils der Bevölkerung zu vereiteln.

Auch das zwischen Hafnarfjörður und Reykjavík gelegene Kópavogur weist eine längere Geschichte auf als die Hauptstadt selbst, die nach einem vielversprechenden Anfang, der Landnahme durch die Familie von Ingólfur Arnason im Jahr 874 n. Chr., viele Jahrhunderte lang eine untergeordnete Rolle spielte und erst 1786 Stadtrechte erhielt. Im Jahr 1801 zählte die Niederlassung, die Ingólfur Arnason nach dem Rauch der heißen Quellen Rauchbucht (Reykjavík) genannt hatte, nicht mehr als etwa 300 Einwohner. Heute ist Reykjavík Drehscheibe der Politik und des Inlandverkehrs, und hier wird der Löwenanteil des Imports abgewickelt.

Seit dem Börsenkrach der Dreißigerjahre hält der Strom der Landbevölkerung in Richtung Hauptstadtgebiet ununterbrochen an. Fast nahtlos gehen Reykjavík und Nachbargemeinden ineinander über und zählen zusammen rund 175 000 Einwohner, mehr als die Hälfte der isländischen Bevölkerung. Reykjavík hat alles, was eine Metropole auszeichnet: ein ganz modernes Rathaus, Regierungsgebäude und das Parlament, Theater, Ballett, Oper, Sinfonieorchester, Kinos, Universität und Forschungsinstitute, attraktive Geschäfte, Restaurants und Kneipen. Seit 1989 der freie

Ausschank von Bier erlaubt wurde, entwickelte sich eine lebhafte Szene, inspiriert vom Ausland und nicht frei von den dort anzutreffenden Schattenseiten. Das kleine, verschlafene und biedere Reykjavík ist in kürzester Zeit erwachsen geworden und muss nun Verantwortung für sich selbst übernehmen. Das tut manchmal weh und ist nicht frei von Widersprüchen. Seinen alten dörflichen Charme hat es dennoch bewahrt: Zu beiden Seiten des Stadtteils Tjörnin erstrecken sich ältere Stadtteile, wo die freistehenden, meist kleinen und kunterbunten Holzhäuser im Schatten der dominierenden lutherischen Hallgrímskirkja sowie der katholischen Basilika Landakótskirkja von Gärtchen und einer gewissen Nonchalance umgeben sind. Ultramodern und fast kühl dagegen mutet das auf dem erloschenen flachen Schildvulkan Öskjuhlíð gelegene Gebäude Perlan an, die Perle. Sie ruht auf sechs enorm großen Heißwassertanks, die einen Teil der Stadt mit Heizenergie und dem beliebten Badewasser versorgen. Freibäder finden sich in vielen Stadtteilen und erfreuen sich des lebhaften Zuspruchs der Isländer: nicht nur im Sommer, sondern gerade auch an dunklen, stürmischen Wintertagen.

Erhobenen Hauptes zu Fuss gehen

Wie jede Stadt hat auch Reykjavík einige Kuriosa aufzuweisen: Der Regierungssitz ist in einem ehemaligen Gefängnis untergebracht, die Bürgersteige der Innenstadt sind weitgehend beheizt, und auf der

Hauptgeschäftsstraße ist das Promenieren mit Hund verboten: Reykjavík sei eine Stadt, in der man erhobenen Hauptes zu Fuß gehen könne, schrieb die deutsche Lyrikerin Ulla Hahn vor einigen Jahren. Und aus der weit gefächerten, ehrwürdigen Museumsflora, die von historischen Pergamenthandschriften über Bodenfunde aus der Wikingerzeit und Exponate längst vergangener Epochen bis zu spezialisierten Kunstsammlungen solide Einblicke in die Landesgeschichte und Kultur gibt, hebt sich eine Sammlung deutlich hervor: das Isländische Säugetier-Penismuseum, von einem Privatsammler eingerichtet und stolz von der Stadt Reykjavík subventioniert – diesem jungen Geschöpf mit einer langen Tradition.

Islandpferde bei der Körperpflege.

»Die Perle« – diesen Namen für einen der Heißwasserspeicher in Reykjavík kreierte einer der Arbeiter während des Baus.

Ein futuristisches Bauwerk …

… mit Aussichtsplattform …

… und Illumination nach Sonnenuntergang.

Blau, weiß, rot: die Farben Islands.

Wikingerschiff aus Edelstahl an der Uferpromenade der Hauptstadt.
Rechte Seite: Hallgrímskirkja mit dem Denkmal von Leifur Eiríksson, der bereits 500 Jahre vor Kolumbus Amerika entdeckte.

Der Vogelfelsen Rynistjall und Dyrhólaey.

DER SÜDEN

Um in den Süden Islands zu gelangen, der direkt bei der Gewächshausstadt Hveragerði beginnt, muss man sich von Reykjavík nach Osten wenden. Die Straße führt durch das raue, aus dem Jahr 1000 stammende Lavafeld Svínahraun, das bei seiner Entstehung zu einer wichtigen Entscheidung beitrug: Als die Isländer sich in jenem schicksalsreichen Jahr zur Parlamentsverhandlung in Þingvellir versammelten und die Frage erörterten, ob das Christentum oder der alte Glaube für alle Landeskinder verbindlich sein sollte, trat ein Vertreter der alten Tradition hervor und sagte vorwurfsvoll: »Die Götter sind zornig, weil ihr Christen werden wollt; der Vulkanausbruch und die neue Lava sind ein Zeichen.« Nach wohlüberlegtem Schweigen kam die Antwort von den Anhängern des Christentums: »Und was erboste die Götter, als die Lava floss, auf der wir stehen?«

Die Gewächshausstadt Hveragerði ist dank der geschützten Lage, des häufigen Regens und der heißen Quellen, die nicht nur in den umliegenden Bergen, sondern auch mitten im Ort austreten, ein so fruchtbares Stückchen Erde, dass eine Straße am Ortsrand Frumskógar, »Urwälder«, heißt.

Fruchtbar sind auch die benachbarten Landstriche, wo Kartoffeln, Kohl, Kohlrüben und Karotten im Freien gedeihen. In den Gewächshäusern werden Tomaten, Gurken, Paprika, Kräuter und nicht zuletzt Schnitt- und Topfblumen in nahezu ausreichender Menge für den einheimischen Markt gezogen.

Eine Schlucht, so hart,
so weich, so grün, so grau, gebannt
von dieser Schönheit weiß ich:
ich komme wieder.

Antonia Hüning

Die größte Molkerei Islands arbeitet in Selfoss, einem der wenigen Siedlungskerne der Insel, der nicht an der Küste liegt. Direkt südlich davon liegen Stokkseyri und Eyrarbakki unmittelbar am Meer, zwei traditionsreiche, malerische Fischer- und ehemalige Handelsorte, die den Intellektuellen von Reykjavík als Sommer- und Rückzugsparadies dienen – nahe genug an der Hauptstadt gelegen.

Landeinwärts eröffnet sich der Blick zum Vulkan Hekla sowie zu den Inlandgletschern, und in ihrem Vorland liegt nahe bei Gullfoss, dem Goldenen Wasserfall, auch das Hochtemperaturgebiet Haukadalur mit Geysir und dem aktiven Strokkur, was Butterfass heißt. Alle fünf Minuten erhebt sich eine dampfende Wassersäule aus Strokkurs unterirdischem Reservoir.

Im fruchtbaren Tal Haukadalur siedelte sich zur Landnahme eine angesehene Familie an. Später galt die Gegend der heißen Quellen wegen als dubios: Sie riechen wie der Leibhaftige nach Schwefel, und niemand wollte der geheimnisvollen Erdtätigkeit trauen, die sich in blauen oder grünen, klaren oder schlammigen Quellen und dem plötzlichen Ergießen der Springquellen manifestiert.

So kam es, dass die Isländer, das Volk mit dem höchsten Heißwasseranteil pro Kopf der Bevölkerung auf der ganzen Welt, rund »700 Jahre lang vergaßen«, sich zu waschen, wie der isländische Nobelpreisträger für Literatur, Halldór Kiljan Laxness, sarkastisch bemerkte. Der Vulkan Hekla dagegen hatte im Mittelalter besonders im Ausland einen schlechten Ruf: Hier liege, so hieß es, nicht mehr und nicht weniger als der Eingang zur Hölle, und man könne die gequälten Seelen aus dem Schlund schreien hören.

Der ehemalige Bischofssitz Skálholt hat als einer der wenigen Kirchenorte auch heute noch überregionale Bedeutung. Mit der Reformation gingen zahlreiche katholische Klöster unter, wie das Benediktinerinnenkloster von Kirkjubær. Der Legende nach wurden dort im 14. Jahrhundert zwei

Kleine Oase im Lavasand.

Fjadrárgljúfur.

Nonnen wegen Gotteslästerei und Papstbeleidigung auf den Scheiterhaufen geschickt. Möglicherweise pflegten sie auch »fragwürdigen Umgang« mit Männern.

Damit die Schande der vermeintlich Anrüchigen schon von weitem zu sehen sei, fand die Hinrichtung auf dem freistehenden Felsen Systrastapi – Nonnenfelsblock – statt. Dort oben sollen zwei Gräber sein; eines ist schön bewachsen, das andere kahl wie die Sünde.

Bei Kirkjubæjarklaustur erstreckt sich Eldhraun, die Feuerlava, das weltweit größte, zusammenhängende Lavafeld der Neuzeit. Bei seiner Entstehung im Jahr 1783 bedrohte der glühende Lavastrom die Siedlung – doch dank der flammenden Beschwörungspredigt eines feurigen Gottesmannes änderte die Lava ihre Richtung und verschonte den Ort. Eldhraun ist heute freundlich mit dickem Moos überzogen, stammt jedoch aus einem Ausbruch der Laki-Spalte zum Ende des 18. Jahrhunderts, der weite Landesteile verwüstete und zu jahrelangem Hunger und Elend führte. Der Ascheniederschlag dieses Ausbruches wurde in Mitteleuropa deutlich wahrgenommen.

Bei Vík liegt Islands südlichste Spitze Dyrhólaey, wo Hunderte von Papageitauchern brüten. Von dort sind die Westmänner-Inseln, eine Vulkaninselgruppe, gut zu

Alter Schafpferch.

Mýrdalssandur: Islands südlichster Punkt …

sehen. Der völlig unerwartete Ausbruch 1973 auf der einzigen bewohnten Insel Heimaey, der dank entschlossener und selbstloser Hilfe vieler Freiwilliger bei der Evakuierung der etwa 5000 Inselbewohner nur ein Menschenleben kostete, gibt den Isländern die Zuversicht, auch in Zukunft mit überraschenden, gewaltigen Naturkatastrophen vereint fertig zu werden.

Eine gefährliche Kombination sind Vulkane unter dem Gletschereis. Unter Mýrdalsjökull rumort Katla, unter Europas größtem Gletscher Vatnajökull liegen mehrere umfangreiche Hochtemperaturgebiete. Die grandiosen Gletscherausläufer thronen über schwarzen, von Ausbrüchen angelagerten Sandern. Unvorstellbare Wassermengen werden bei Eruptionen unter der Eisdecke freigesetzt, die haushohe Eisbrocken in trüben und reißenden Strömen zum Meer wälzen. Der letzte große Gletscherlauf 1996 setzte in kürzester Zeit eine Wassermenge frei, die dem Inhalt des Sees Þingvallavatn bei Þingvellir entspricht, und riss Straßen wie Brücken mit.

Friedlich dümpeln dagegen bizarre Eisberge in einem fast 200 Meter tiefen See vor der Gletscherzunge Breiðamerkurjökull. Sie liegen auch am nahen, schwarzen und flachen Sandstrand, wo zwischen Vík und Höfn kein Schiff anlegen kann – wie Strandgut aus einer anderen Welt.

… mit herrlichen Lavaständen.

Fjardrárgljúfur: Eine beeindruckende Schlucht mit imposanten Tuffformationen.

Links und rechts oben: Hekla. Das Lavafeld von 1970 ist über Hochlandpisten auch mit dem Fahrzeug zugänglich. Der Vulkan ist circa 12 000 Jahre alt und zählt zu den am meisten aktiven des Landes. Ursprünglich entwickelte er sich vom Linear- zum Kegelvulkan. Der Aufstieg zum 1491 Meter hohen Gipfel des Feuerberges ist gut möglich, obwohl er sich durch den Ausbruch im Februar 2000 inzwischen etwas schwieriger gestaltet. Links unten: Þjórsárdalur und der spektakuläre, über 120 Meter tiefe Canyon des Háifoss sind faszinierende Wanderlandschaften. Rechts unten: Landmannalaugar. Mit dem Fahrzeug durch Flüsse furten ist auf den Hochlandpisten nichts Außergewöhnliches. Doch Vorsicht: Treibsand, Untiefen und große Steine sind lauernde Gefahren.

Links oben: Mitternachtssonne am Seljalandsfoss. Dieser Wasserfall bietet eine Besonderheit: Er kann »hintergangen« werden und zeigt somit dem Betrachter eine ungewöhnliche Perspektive (vergleiche die Seiten 6/7).
Rechts oben: Wesmännerinseln. Etwa zehn Kilometer sind diese bis zu 6000 Jahre alten Inseln vulkanischen Ursprungs der Südküste vorgelagert. Nur die Hauptinsel Heimaey ist bewohnt (circa 5000 Einwohner).
Im Jahr 1963 gab es »Zuwachs«: Das Baby »Surtsey« erblickte durch einen submarinen Ausbruch das Licht der Welt.
Links unten: Beim Wandern in Island müssen manchmal die Hosen herunter gelassen werden.
Rechts unten: Jedes Jahr im Herbst werden in solchen Schafpferchen die vom Hochland abgetriebenen Schafe zugeordnet.

Oben: Die gewaltigen Felsnadeln von Reynisdrangar trotzen der Brandung des Nordatlantik an der Südküste. Einer Sage nach soll es sich dabei um einen versteinerten Dreimaster und ein Trollweib handeln. Unten: Hveragerði im Winter. Die 1700-Seelen-Gemeinde liegt in einem der größten Geothermalgebiete des Landes. Darum ist es auch nicht ungewöhnlich, dass hier die meisten Gewächshäuser Islands stehen, die aus den vielen heißen Quellen der Umgebung beheizt werden. Rechts: Der Tafelberg Hjörleifshöfði mit steilen Felsflanken und grasbewachsenem Plateau steht einsam im scharzen Sandur. Bis zum Jahr 1937 wurde ein Bauernhof auf der kleinen Hochebene bewirtschaft. Die Ruine ist noch zu sehen. Ein bequemer Aufstieg ist nur über die Ostseite möglich.

Svartifoss im Skaftafell-Nationalpark.

DER OSTEN

Ehe die Kunst der Glasmacher in Europa so weit fortgeschritten war, dass optische Geräte mit absolut lupenreinem Glas bestückt werden konnten, erfüllte Doppelspat aus Ostisland wegen seiner klaren Doppelbrechung überall dort, wo optische Geräte auf der Welt gebraucht wurden, bis ins 20. Jahrhundert hinein den gleichen Zweck. In keinem anderen Teil der Insel finden sich so schöne, vielfältige Kristalle und buntes Gestein wie in Ostisland. Auf dem Rücken, in den Jackentaschen und in der bloßen Hand hat Petra Sveinsdóttir während ihres langen Lebens im kleinen Stöðvarfjörður einen prachtvollen bunten Stein- und Kristallgarten aus den Bergen der Ostfjorde zusammengetragen, der seinesgleichen sucht und Besuchern offensteht. Nomen est omen – Petra bedeutet Fels.

Auf der Jagd nach dem Wal und dem begehrten Islandkabeljau zogen Basken, Flamen, Wallonen und Bretonen in den Nordatlantik. Sie unterhielten im 19. Jahrhundert Stationen in Neskaupstaður und anderen Fischerorten der Ostfjorde und bauten nicht nur ein Hospital, sondern auch eine katholische Diaspora-Kirche. In diesen Orten entwickelte sich aus flämischen, französischen und isländischen Brocken eine besondere Sprache, damit der Verständigung nichts im Wege stünde, wenn die fremden Boote manchmal wochenlang wegen schlechtem Wetter, dichtem Treibeis oder magerem Fangs vor Anker lagen. Nicht selten blieben die ausländischen Schiffe auf hoher See. Viele Fischer kehrten nie in ihre Heimat zurück.

> *I*ch war da / ich weiß es
> aber die Spur / wird vergehen
>
> Margaretha Pichl-Wolf

Aber es gab auch »gute Havarien«, bei denen die fremden Schoner an die isländische Küste gespült und die Besatzungen gerettet wurden. Dann konnten meist auch Rotwein- und Schnapsfässer, Fanggeräte, Werkzeuge und anderes geborgen werden. Das Holz der gestrandeten Schiffe diente als willkommenes Baumaterial im baumarmen Island. Heute legen außer der im Sommer betriebenen Autofähre von Dänemark kaum noch ausländische Schiffe in den ostisländischen Häfen an, während von dort ein bedeutender Teil der isländischen Flotte ausläuft, um Kabeljau, Hering und Lodde innerhalb der isländischen Hoheitsgebiete, aber auch in der Barentsee, zu fangen.

Der Ort Egilsstaðir und Islands größtes, seit dem Jahr 1903 gehegtes, Waldgebiet Hallormsstaðarskógur liegen am See Lögurinn, der ein geheimnisvolles Ungeheuer beherbergt: Lagarfljótsormurinn. Gemessen am Aussehen handelt es sich wohl um einen engen Verwandten des Ungeheuers von Loch Ness, der mit seinem Auftauchen Bedrohliches ankündigt. Der Sage nach ist dieses rätselhafte Wesen zum Glück sowohl hinter dem Kopf als auch am Schwanz fest am Seeboden verankert und kann sich entsprechend selten zeigen.

Ganz im Nordosten Islands liegt der winzige Ort Bakkagerði am Fuße der eindrucksvollen Dyrfjöll-Berge und der Kuppe

Álfaborg – der Elfenburg, die eine bekannte und umfangreiche Hochburg verborgener Wesen der unterschiedlichsten Völkerschaften ist. Dort gibt es das Huldufólk, das den Menschen recht ähnlich ist und dem Christentum anhängt, aber auch böse Geister und Trolle wie die urzeitliche Grýla, die Mutter der isländischen Weihnachtsgesellen. Sie unterscheiden sich nicht nur durch den Mangel der Farbe Rot deutlich von den großväterlichen Weihnachtsmännern. Bevorzugt treten sie in Gruppen auf, manchmal zu neunt, aber auch zu dreizehnt. Als wahre Flegel kommen sie ungebeten ins Haus, stehlen Rauchfleisch und Schafswürste aus dem Kamin, schlecken Töpfe und Pfannen aus, knallen die Türen heftig zu, dass alle zusammenfahren – und hin und wieder schnüffeln sie an den Röcken der Frauen.

Ihre Mutter Grýla treibt ebenfalls zur Weihnachtszeit ihr Unwesen und verschleppt unartige Kinder in ihre Höhle. Grýla überlebte mehrere Ehemänner und brachte über siebzig Kinder zur Welt. Leider versäumte sie es allerdings, diese Sippschaft zu erziehen.

In jener Gegend Nordost-Islands, wo der Pro-Kopf-Anteil unsichtbarer Wesen auf den sichtbaren Teil der Bevölkerung ungewöhnlich hoch ist, verlebte der bedeutende isländische Maler Kjarval (1885-1972), dem in Reykjavík ein Kunstmuseum gewidmet ist, viele Jahre. Seine Gemälde spiegeln eine geheimnisvolle Mischung aus Irdischem und Überirdischem wider, und viele seiner figürlichen Darstellungen eröffnen eine vorher nicht gesehene Welt.

Wollgras reckt sich dem isländischen Himmel entgegen.

Nicht nur das: Bei jedem Wetter stand der eigenbrötlerische Künstler in Lavafeldern oder Wüsten, wo sich sonst kein Mensch hin verirrte, und wirkte an seiner Staffelei. Seine grandiosen Bilder, die er aus den verschiedenen Einöden mitbrachte, erschlossen den Isländern die Schönheit ihrer widrigen Natur, vor der sie sich ansonsten nicht ohne Grund fürchteten.

In keinem Teil Islands sind die Sommer so mild und warm wie in Ostisland mit seinen abwechslungsreichen Fjorden und malerischen Bergen, den glitzernden Kristallen und kleinen Städtchen. Die landeinwärts gelegenen Hochflächen sind Heimat der im 18. Jahrhundert auf der Insel angesiedelten Rentiere. Sie leben von Flechten wie Isländisch-Moos oder der schütteren Hochlandvegetation und streifen ungebunden in einem riesigen Areal zwischen Bergthymian, Arktischem Weidenröschen und gelbweißem Hahnenfuß umher, von Gletscherflüssen begrenzt und von markanten Erhebungen wie Snæfell und Herðubreið behütet.

In den harten isländischen Wintern vertrauen sich die Rentiere gerne der Siedlungsnähe an. Mit den diebischen, flegelhaften Weihnachtsgesellen Islands wollen sie jedoch zu keiner Jahreszeit in Verbindung gebracht werden …

Links oben: Abendsonne streichelt die mächtigen Eisberge im Jökulsárlon. Die Gletscherzunge Breiðamerkur kalbt in diese beeindruckende Gletscherlagune. Rechts oben: ein Papageitaucher (isländisch: Lundi). Die Population ist stabil – es gibt etwa sechs Millionen Tiere von dieser kleinen Alkenart. Die größten Kolonien befinden sich im Breiðafjörður und auf den Westmännerinseln. Links unten: Alte Eisenbojen und anderes Treibgut an der Küste von Ingolfshöfði. Rechts unten: ein Goldregenpfeifer (isländisch: Heiðlóa). Dieser Wattvogel ist typisch für die isländische Heidelandschaft. Die Vögel sammeln sich am Ende des Sommers in großen Scharen zum Flug nach Westeuropa. Vereinzelt sieht man auch im isländischen Winter Goldregenpfeifer.

Links oben und unten, rechts oben: Alle drei Aufnahmen am selben Tag innerhalb weniger Stunden in der Nähe der Stadt Höfn. Sie machen deutlich, dass vor allem im Osten rasch vom Atlantik aufkommende Nebelbänke die Wetterlage schnell verändern. Ein Gemisch aus solchem Nebel und Sonnenschein sorgt für eindrucksvolle Lichtstimmungen.
Rechts unten: Im November 1996 kam es zu einem gewaltigen Gletscherlauf, ausgelöst durch den subglazialen Vulkanausbruch des Bárðarbunga unter dem Vatnajökull. Gigantische Wassermassen wurden durch die Hitze der Eruption vom Gletscher abgeschmolzen. Der enorme Wasserdruck sprengte an den Gletscherzungen tonnenschwere Eisberge ab. Vom Wasser getragen, verteilten sich die Eisblöcke über eine Fläche von mehreren Quadratkilometern im Skeiðarársandur. Aber diese faszinierende Landschaft war nur einige Monate lang zu sehen.

Alle Bilder dieser Doppelseite zeigen Jökulsárlón, eine der aufregendsten und faszinierendsten Landschaften aus Wasser, Eis und Licht. Skurrile, von der Sonne »bearbeitete« Formen entstehen und ziehen den Betrachter in ihren Bann. In den Sommermonaten lassen Bootstouren den Reisenden noch näher in diese von ständiger Veränderung geprägte Welt eintauchen: panta rhei – alles fließt, auch hier. Die niedrigen Wassertemperaturen halten die Seehunde nicht davon ab, dem fischreichen Nass einen Besuch abzustatten und sich an Lachs und Forellen zu laben.

Oben und unten: Ein Besuch des einige Kilometer der Küste vorgelagerten Felsplateaus Ingolfshöfði ist nur mit einem ortskundigen Führer ratsam. Denn der Weg dorthin ist schwierig und gefährlich: Er führt durch Treibsand, Flussarme und Schlamm. Vertraut man sich jedoch dem urig-sympathischen Isländer Sigi (links) an, so wird schon die Überfahrt zu einem schönen Erlebnis. Das Naturschutzgebiet ist eine Brutstätte von Lummen, Papageitauchern, Eissturmvögeln, großen Raubmöven und vielen anderen Vögeln. Eine Gedenksäule auf dem Plateau erinnert an den ersten Siedler Islands, Ingólfur Arnarson, der hier an Land kam und seinen ersten Winter verbrachte.

DER NORDEN

Atemberaubende Kulisse: am Dettifoss.

Wo Wüsten sind, sind auch Oasen. Die weite Lava- und Schotterwüste im Nordosten von Island neigt sich gegen Westen fruchtbarem Weide- und Grasland zu. Eine der wichtigen Oasen ist Mývatn, der Mückensee. Er entstand vor Jahrtausenden, als reinigende Stürme auf unvorstellbare Lavaströme und dichten Ascheregen folgten. Das Wasser sammelte sich in einer ausgedehnten Lavamulde und zog Leben an. Neben den ungezählten Kribbelmücken, die sich an milden Sommertagen dort des Lebens erfreuen, bereichert eine spezielle – und köstlich schmeckende – Saiblingart das Gewässer, während der Fluss Laxá, der sich aus dem See ergießt, zu den besten und schönsten Lachsflüssen Islands zählt.

> Die Weite und Einsamkeit ihrer Insel ist in der Seele der Isländer.
>
> Burkert

Noch immer ist die Erde in Seenähe hochaktiv; die Vulkanspalte Krafla eruptierte zuletzt im Jahr 1984 auf etwa zehn Kilometern Länge. Im Solfatarengebiet Námaskarð hatten sich seit Urzeiten so reiche Schwefelmengen angelagert, dass sie, nachdem das Schießpulver erfunden wurde, abgetragen und gewinnbringend in das kriegführende Europa exportiert werden konnten. Heute dampft und zischt es wie immer, der Boden schillert in matten Erdfarben wie ehedem, doch der Schwefel ist als Exportartikel in Vergessenheit geraten. Sein Geruch und die aktiven, unberechenbaren Erdkräfte werden aber auch hier mit dem Fürst der Unterwelt in Verbindung gebracht: Ein Explosionskrater im Kraflagebiet heißt Víti – Hölle – wie seine Residenz.

Geradezu lieblich präsentiert sich dagegen das Leben in Akureyri, der »Hauptstadt des Nordens«, die geschützt am langen und fruchtbaren Fjord Eyjafjörður liegt. Die hohen üppigen Bäume und die südlich anmutenden Gärten schmücken nicht nur im Sommer den Fjord. Auch im Winter bekennen sie Farbe, wenn die dunkle Vorweihnachtszeit durch Tausende von Lämpchen in Bäumen und Hecken aufgehellt wird. Akureyri hat rund 14 000 Einwohner und verfügt über einen wichtigen Fischereihafen, Schulen und eine Universität, ein professionelles Theater, reges Kulturleben, gute Verkehrsverbindungen – und liegt doch ganz knapp unter dem Polarkreis, der Island bei der Insel Grímsey draußen vor dem Fjord Eyjafjörður streift.

Nordisland hat viele aktive Fischerorte, darunter Húsavík, das sich ohne Übertreibung in nur zehn Jahren zum Walbeobachtungszentrum Europas gemausert hat. Die Sichtungsquoten liegen bei rund 98 Prozent der Fahrten, bei denen Delfine, Zwerg- und Buckelwale und manchmal sogar Schwertwale entdeckt werden können.

Der ehemalige Bischofssitz Hólar beherbergt heute eine Landwirtschaftsschule mit den Zweigen ökologischer Tourismus sowie Ichthyologie und Pferdewirtschaft.

Im Jahr 1550 wurde das Biskupat im Zug der Reformation gewaltsam aufgelöst, der letzte katholische Bischof Jón Arason vertrieben und schließlich in Südisland geköpft. An jenen schmählich behandelten Bischof erinnert der im Jahr 1950 erbaute Glockenturm der Domkirche, die selbst aus dem 18. Jahrhundert stammt und als Islands einziger Rokokobau gilt.

Nur wenige Gebäude in alter isländischer Grassoden-Bauweise überdauerten die Jahrhunderte, darunter die kleinen Gotteshäuser in Gröf und Víðimýri sowie das Gehöft Glaumbær, die auf das frühe 19. Jahrhundert zurückgehen.

Wohin das Auge in der Region Skagafjörður auch blicken mag – nahezu überall grasen Pferde in allen erdenklichen Fellfarben. Islandpferde sind ausdauernd, gutmütig und vielseitig. Sie verfügen über fünf Gangarten, darunter den bequem zu reitenden Tölt, und sind weit über Island hinaus begehrt. Die jeden Herbst stattfindenden Pferdeabtriebe des Skagafjörður und der benachbarten Region Húnavatnssýsla, insbesondere im Tal Víðidalur, sind ein großes traditionelles Ereignis, bei dem Hunderte von Pferden von den abgelegenen Hochlandweiden, wo sie den ganzen Sommer frei grasten, zu ihren Besitzern ins Tal getrieben werden. Das volkstümliche Treiben, der Gesang, das Wiehern und Hufgeklapper der großen Herden sind stimmungsvoll.

Landeinwärts liegen die Gletscher Hofsjökull, Langjökull und Eiríksjökull. Dort im unbewohnten Hochland fristeten Gesetzlose früher ihr karges Dasein. Sie ernährten sich von gestohlenen Schafen, Angelikawurzeln, Vögeln und Beeren. Die Saga berichtet von Islands bekanntestem Gesetzlosen, Grettir dem Starken, der so aufbrausend war, dass er als Kind einen ihm überlegenen Spielkameraden erschlug und sich später weiterer Verbrechen schuldig machte. Viele Jahre verbrachte er voller Angst vor der Dunkelheit in der Einsamkeit des Hochlandes. Mit Hilfe der Unterstützung seiner Mutter Ásdís wäre es Grettir fast gelungen, die zwanzigjährige Verbannung zu überleben, hätten ihn nicht Hinterlist und eine Zauberin zu Fall gebracht. Aber sein Andenken lebt im Volksmund weiter. Wer heute eine schwierige Tat vollbringt, wird mit Grettir verglichen, der kolossale Felsblöcke von Hand bewegte, um zu zeigen, was in ihm steckte.

Farben, Formen, Faszination: Schwefelausblühungen.

In harten Wintern kamen, wenn die Nordstürme Treibeis an die Küste drückten, manchmal ausgehungerte Eisbären nach Nordisland, die Mensch und Tier bedrohten. Wenn aber Wale angeschwemmt oder im Eis eingeschlossen wurden, war der Hunger gebannt. Vor allem nach dem verheerenden Askja-Ausbruch des Jahres 1875, der weite Landesteile mit giftiger Asche bedeckte und das Trinkwasser verseuchte, war das Elend so groß, dass Tausende ihr Glück in der Auswanderung nach Kanada, Amerika und sogar Brasilien suchten. Häufig blieben die jüngsten Kinder bei Verwandten in Island zurück. Ob sie sich nicht ein wenig wie Gesetzlose, Ausgestoßene, gefühlt haben müssen?

Námaskard: Großes Solfatarenfeld.

Pseudokrater am Mývatn.

Quelle im Jökulsá Canyon.

Solfatarenfeld Leirhnjúkur.

Austurdalur: Verlassene Farm im Abendlicht.

Jökulsá á Dal.

Námaskard: Heiße Schlammquelle.

Austari-Jökulsá-Schlucht.

Stürzendes Wasser am Dettifoss.

Leirhnjúkur: Lavafeld von 1984.

Dettifoss.

Mývatn.

Im Osten und Nordosten des Mývatn befindet sich eine der aktivsten Vulkanzonen Islands. Viele Schlammquellen blubbern und brodeln hier vor sich hin und unterscheiden sich in den Farben, Formen und den Geräuschen, die sie von sich geben. Hier trifft man auch auf eine große Vielfalt an nachvulkanischen Tätigkeiten. Der jüngste Ausbruch ereignete sich im Jahr 1984. Die letzte große Eruption fand im Jahr 1724 statt und dauerte fast fünf Jahre. Aus dieser Zeit stammt auch der Explosionskrater Víti (unten), der sich erst nach mehr als hundert Jahren mit Wasser füllte. Heute ist Víti ein gewöhnlicher Kratersee mit einem Durchmesser von 300 Metern.
Rechts: Der »Götterfall« (isländisch: Goðafoss) gehört zu den schönsten Wasserfällen des Landes. Der Überlieferung nach bekam er diesen Namen nach der Annahme des Christentums im Jahr 1000, als ein Gesetzessprecher die Götter- und Götzenbilder in die Fluten warf.

Zerbrechliche Eis-Stalagmiten …

Jökulsá á Fjöllum.

… bizarr und schön …

Krafla.

… in einer Lavahöhle.

Gletscher am Kverkjfjöll.

Wegweiser im Hochland.

Nördlich vom Kverkjfôll.

Kreppatunga und Herðubreið.

Saenutasel: Rekonstruktion …

… eines alten Gehöfts …

… Hier trifft man die Bäuerin Lilia.

Das klassische Beispiel eine Tafelvulkans ist der Berg Herðubreið,
der sich inmitten der großen Lavawüste Ódáðahraun majestätisch erhebt.
Herðubreið wurde subglazial während der Eiszeit geboren.
Unten: Die untergehende Sonne taucht das hochalpine Gelände
der Berge um Kverkfjöll in warmes Licht.
Links: Die Meeresbucht Skálfandibeim Fischerstädtchen Husavik
Morgens um zwei Uhr. Zwischen den Inseln Lundey und Flatey tummeln
sich Wale nahe der Küste. Mit Booten von Husavik aus lassen sich
diese großen Meeresbewohner prima beobachten.

Wunder der Natur: Säulenbasalt.

DER WESTEN

Islands Westen mit seinen sanften gelben Muschelsandstränden, Hunderttausenden von Meeresvögeln auf Europas höchster Steilklippe Látrabjarg, fruchtbaren Tälern, verlassenen Siedlungen, aber auch mit seinen großen Entdeckern, Sagaheldinnen, Zauberern und Gespenstern ist der vielseitigste Teil der Insel.

Bei Deildartunga entspringt hier auch Europas ergiebigste Heißwasserquelle. Sie fördert rund 200 Liter pro Sekunde mit einer Temperatur von 100 Grad Celsius und versorgt auf diese Weise auch die Städte Akranes, Borgarnes sowie eine Reihe von Bauernhöfen mit umweltfreundlicher Heizenergie.

Am westlichsten Zipfel der Halbinsel Snæfellsnes dominiert der vergletscherte Vulkan Snæfellsjökull. In seinem Schutz ließen sich früher Jahr für Jahr, wenn die Fischzüge kamen, Hunderte von Fischern nieder. Viele Buchten, die heute verlassen liegen wie zur Entstehung Islands, zählten vom 15. bis ins 19. Jahrhundert hinein zu den wichtigsten Fischerorten im Nordatlantik. Außer einigen Steinwällen, den im Lavafeld von Gufuskálar versteckten Fischlagerhütten und den Kielspuren der Boote im Gestein des Meeressaumes ist allerdings nichts zurückgeblieben, das auf die schwierige Arbeit und die armseligen Lebensbedingungen vieler vergangener Fischergenerationen verweisen könnte.

> *D*ie Weite und Einsamkeit ihrer Insel ist in der Seele der Isländer.
>
> Burkert

Abgeschieden und individuell

Dem Gletscher Snæfellsjökull werden besondere Energieströme zugeschrieben. In der Tat kann sich kaum jemand seines Zaubers entziehen. Sogar von Reykjavík jenseits der Bucht Faxaflói, mehr als 100 Kilometer Luftlinie entfernt, ist der majestätische Berg gut zu sehen. Er ist Ausgangspunkt von Jules Vernes »Reise zum Mittelpunkt der Erde«, und auch der bedeutende isländische Schriftsteller Halldór Laxness ließ sich von ihm und den Leuten, die hier lebten, inspirieren.

Die ungezählten Inseln und Schären zwischen der Halbinsel Snæfellsnes und der nördlich davon gelegenen Westfjorde-Region waren einst als Vorratskammer des Westens gelobt. Jahr für Jahr kommen Scharen von Zugvögeln; Eiderenten liefern die kostbaren Daunen. Gryllteisten, Tordalke und Kormorane sorgten früher für die begehrten Eier, wenn die eingelagerte Winterkost zur Neige ging; Robbenfleisch gehörte zum festen Bestandteil des Speisezettels. Walfleisch war stets willkommen, doch konnten wegen der Fang- und Besitzrechte erbitterte Fehden entbrennen: Das angeschwemmte oder erlegte Tier gehörte dem, dessen Speer oder Harpune zuerst im Fleisch steckte.

Seit dem Jahr 1989 werden in Island keine Wale mehr erlegt. Ungestört ziehen die Riesen der Meere, darunter die seltenen Blauwale, heute vor der Westküste entlang.

Die Westfjorde sind abgeschieden und entfalten dadurch ein ganz eigenes, individuelles Leben. Auch jetzt noch sind manche Höfe und Siedlungen nach Schneestürmen manchmal wochenlang von der Umwelt abschnitten.

Die Menschen der Westfjorde müssen selbstständig sein und sich zu helfen wissen. Dabei schreckten sie früher auch vor Zauberei nicht zurück.

Zwielichtige Gestalten

Besonders die östlich gelegene Strandir-Region galt als Zuflucht zwielichtiger Gestalten, die sich dort in der Abgeschiedenheit versteckt hielten oder die Flucht auf ein ausländisches Schiff wagten. Zauberkundige Bäuerinnen und Bauern beherrschten machtvolle Runen und Sprüche, um Tote zu erwecken, die Milch der Kühe versiegen zu lassen, überschäumende sexuelle Gelüste einzudämmen oder gar steinreich zu werden.

Die Saga von Erik dem Roten beschreibt dessen Niederlassungen in Island und Grönland.

Im fruchtbaren Haukadalur in Westisland sind die Grundmauern seines Anwesens Eiríksstaðir noch zu sehen, und in unmittelbarer Nähe wurde im Jahr 2000 eine Rekonstruktion mit überlieferter Bautechnik aus Grassoden und Treibholz errichtet. Die Jahreszahl 2000 spielt dabei eine wichtige Rolle: In Eiríksstaðir wurde Leifur Eiríksson geboren, Leif der Glückliche. Im Jahr 1000 segelte er als erster Europäer nach Amerika, wo Ausgrabungen und Untersuchungen in L'Anse aux Meadows Siedlungsreste der Wikinger bestätigten.

Farben, Formen, Faszination: Schwefelausblühungen.

Kolumbus und die Wikinger

Nach isländischen Quellen kreuzte Kolumbus im Jahr 1477 vor Islands Küste. Der spanische Seefahrer selber gab an, bis Thule, also Island, vorgestoßen zu sein.

Es darf nicht ausgeschlossen werden, dass Kolumbus in seinem Vorhaben, nach Westen zu segeln, durch sagakundige Isländer bestätigt wurde. Die navigatorische Leistung Leifurs, die Entdeckung Amerikas, lag zu Kolumbus' Zeiten knappe fünf Jahrhunderte zurück und wird in der Saga von Erik dem Roten detailliert beschrieben.

Der Liebe Rätsel

Die Sagas geben Aufschluss, und sie geben Rätsel auf. In Westisland handelt die Saga von den Leuten aus dem Lachswassertal mit der zentralen Figur Guðrún Ósvifursdóttir. Sie war viermal verheiratet und einmal verlobt, jedoch erfüllte sich das damit gegebene Versprechen nicht. Auf dem Sterbebett wurde sie gefragt, welcher der Männer, die sie alle überlebte, ihr der Liebste gewesen sei. Sie sagte bedeutungsvoll: »Dem schuf ich die bitterste Stunde, den ich liebte aus Herzensgrunde.«

Angesichts der Tatsache, dass sie den Tod einiger ihrer Männer selbst heraufbeschworen hatte, beschäftigt diese Antwort die Sagaforschung heute noch.

Links oben: Der westlichste Gletscher des Landes ist der Snæfellsjökull (1446 m). Unter seiner Eiskappe lauert ein Vulkan, der zuletzt vor circa 10 000 Jahren Aktivitäten zeigte. Wandelt man auf den Spuren von Jules Vernes, ist hier der Eingang zum Erdinnern – nachzulesen in seinem Roman »Reise zum Mittelpunkt der Erde«. Rechts oben: Leuchtturm (isländisch: Víti) auf der Halbinsel Snæfellsnes. Links unten: In Djúpavik, Reykjarfjörður, liegt das Wrack eine Fischtrawlers. Es gab schon bessere Zeiten in dieser Region, deshalb leben hier und in anderen Teilen der Westfjorde immer weniger Menschen. Die meisten ziehen nach Reykjavík, um Arbeit zu finden. Rechts unten: Einsame Muschelstrände und klares Nass laden zum Baden ein. Doch wegen der kalten Wassertemperaturen ist dieses Vergnügen nur ganz Hartgesottenen vorbehalten.

Die Westfjorde ziehen viele Reisende in ihren Bann: Wer die Einsamkeit sucht, ist hier am richtigen Ort. Tief eingeschnittene und kilometerlange Fjorde prägen das Landschaftsbild im Nordwesten von Island. Licht- und Wetterstimmungen scheinen hier noch schneller zu wechseln wie im übrigen Land – was auch damit zusammenhängt, dass dieser Landesteil weit in den Nordatlantik hinausragt.

Zwei kleine Wasserfälle ohne Namen: irgendwo im Reykjarfjörður.
Links: Die Halbinsel Snæfellsnes mit dem an ihrem Ende gelegenen Snæfellsgletscher – fotografiert in einer klaren Sommernacht von Hafnaberg aus, auf der Halbinsel Reykjanes (Distanz: etwa 100 Kilometer).

Reisen und Fotografieren

Das Isländische Fremdenverkehrsamt, City Center, Frankfurter Str. 181, D-63263 Neu-Isenburg, Tel. (6102) 254484, Fax: (6102) 254570, e-mail: germany@icetourist.is www.skandinavien.de/island.html gibt alle notwendigen Auskünfte zur Islandreise und weist auf zahlreiche Spezialreiseveranstalter und mehrere Fluggesellschaften hin.

Anreise: Per Flugzeug oder Schiff. Ganzjährig fliegt die isländische Gesellschaft Icelandair von mehreren Orten in Europa ab; im Sommer kommen LTU, Aero Lloyd und Charterflüge der Icelandair dazu. Flugzeit: etwa 3 Stunden.
Das Frachtschiff der isländischen Gesellschaft Eimskip verkehrt ebenfalls ganzjährig ab Hamburg, Ankunft in Reykjavík.
Im Sommer verkehrt die Autofähre Smyril Line wöchentlich zwischen Hanstholm/Dänemark und Island, mit einem längeren Aufenthalt auf den Färöern. Ankunft in Ostisland/Seyðisfjörður.

Flora, Fauna und Geologie zum Ansehen: Im *Naturkundlichen Museum Islands* in Reykjavík ist u.a. einer der raren und bei Island im 19. Jahrhundert ausgerotteten Riesenalke zu sehen. *Botanische Gärten* mit nahezu allen einheimischen Pflanzen finden sich in Reykjavík und Akureyri. Der *Haustierpark in Reykjavík* vereint alle isländischen Haus- und Nutztiere, neben Robben und einigen Fischarten. Die *Aquarien/Süßwasser-Biotope in Hólar* sind Teil der Forschungsarbeit isländischer Ichthyologen und zeigen alle Süßwasserfische Islands in einer der Natur nachempfundenen Umgebung. Auf *Heimaey*, Westmänner-Inseln, befindet sich ein eindrucksvolles *Aquarium mit Meeresfischen*,

ebenso ein *Zentrum zur Dokumentation des Ausbruchs 1973*. In *Sandgerði* steht ein *Forschungssitz* (Meer und Strand) Besuchern offen. Das *Bezirksmuseum von Húsavík* enthält rare Exponate aus Flora und Fauna; im Hafen des gleichen Ortes wurde zudem ein Walzentrum eingerichtet. - Äußerst eindrucksvoll ist *Petra Sveinsdóttirs Gestein-Garten* in *Stöðvarfjörður*.

Flora und Fauna zum Dabei-Sein: Walbeobachtungsfahrten laufen von denH afenorten Húsavík, Keflavík und Stykkishólmur aus. Robbenbeobachtung kann ab Hafen Blönduós gebucht werden.

Folklore an Feiertagen: 6. Jan. Elfenfeuer mit Feuerwerk und verkleideten Gestalten. Aschermittwoch: Kinder ziehen verkleidet durch die Orte und stecken Erwachsenen heimlich kleine Säckchen an die Kleidung. Erster Sommertag/3. Donnerstag im April: Umzüge mit Blasmusik und Fähnchen. Seemannsfeiertag/1. Sonntag im Juni: Aktionen und geschmückte Schiffe in jedem Hafen, gute Laune für die ganze Familie. Nationalfeiertag 17. Juni: Feierlichkeiten in allen Ortschaften. Ansprache des isländischen Präsidenten und der »Bergfrau« als Symbol der Freiheit in Reykjavík vor dem Parlamentsgebäude. Handelsfeiertag/1.

Fotografieren: Island ist das Mekka für Fotografen. Schnell wechselnde Lichtstimmungen und tolle Motive lassen Fotografenherzen schneller schlagen. Ob Mittelformatkamera, KB Spiegelreflex, Camcorder oder einfache Sucherkamera, eines gilt für alle: Schutz der Ausrüstung. Auch wenn Sie von einem Sandsturm verschont bleiben, ist feiner Sand ein ständiger Begleiter. Feuchtigkeit kann der Kameraelektronik ebenso mächtig zusetzen. Seit vielen Jahren verwende ich sowohl Fototasche als auch -Rucksack von LowePro mit regendichtem Überzug, der auch vor Sand schützt. Wertvolle Dienste leistet Silicagel. Dieses Granulat ist in Apotheken erhältlich und zieht Feuchtigkeit. Abgefüllt in kleinen Stoffsäckchen, legt man es zu den Kameras in die Fototasche. Silicagel ist durch Erhitzen (z.B. Herd oder Pfanne) wiederverwendbar. Achtung: Solfataren und Fumarolen geben beißende Dämpfe ab. Diese können die Objektive angreifen. Ein Skylight- oder UV-Filter schützt die Objektivlinse und im schlimmsten Fall ist der Filter unbrauchbar, aber das wertvolle Objektiv war geschützt. Wer eine einfache Sucherkamera verwendet, sollte Filme mit einer Empfindlichkeit von mind. 200 ASA benutzen. Bei Einsatz von Stativen sollte man wegen der besseren Schärfeleistung 50 oder 100 ASA Filme einsetzen. Als Allroudfilm setzte ich den Kodak E100VS ein.
Um für Polarlichtfotos und Luftaufnahmen gut gerüstet zu sein empfehle ich den Kodak Ektachrome E200. Dieser Film lässt sich auf 400 und 800 ASA mit gutem Resultat pushen.
In Island bin ich mit folgendem Equipment unterwegs: Nikon Kameras (FE, FE2, FM, F90X), Nikkor Objektive (20, 28, 50, 85, 200, 400mm), Slik Stative (Professional II, MiniPro, Carbon), LowePro Taschen (Magnum AW, Orion AW, Phototrekker AW), Dia-Filme (Kodak E100VS, E200)

Internetadressen:
www.icenews.is – Täglich aktualisierte Nachrichten aus Island in Englisch und Deutsch.
www.imi.is – Das beste Kartenmaterial für Island. Straßenkarten, geologische Landkarten, Wanderkarten.
www.mamireisen.de – Natur- und Erlebnisreisen. In kleinen Reisegruppen Island erleben. Auch spezielle Fotoreisen mit Workshops und Wanderreisen.
www.isalp.is – Tourenvorschläge für Individualreisende vom isländischen Alpine Club.
www.vegag.is/faerd/island1e.html – Wettervorhersage, aktuelle Straßenzustandsberichte (auch Winter- und Sommersperren der Hochlandpisten). Messpunkte im ganzen Land mit Daten über Temperatur, Windgeschwindigkeit, Regen, Schneefall, Eis etc.
www.icelandair.de – Aktuelle Abflughäfen, Flugzeiten, etc.
www.smyril-line.com – Info über die Islandfähre. Route, Zeiten, Schiffsdaten.
www.kodak.de – Beschreibung und Info über Filmmaterial
www.gbb-gmbh.de – Aktuelle Info über Fotoequipment, Fototaschen, - Rücksäcke, Stative ect.
www.simnet.is/costmountains – Touren für Bergsteiger auf den höchsten Berg Islands und auf den Vatnajökull (größter Gletscher Europas)

Kultur, Geschichte und Literatur: Das renovierte Nationalmuseum in Reykjavík dokumentiert die einzelnen Epochen isländischer Geschichte. Nahe dabei liegt die nach Arni Magnússon benannte Handschriftensammlung. Arni trug die auf Pergament niedergeschriebenen Sagas und andere Dichtung im 18. Jahrhundert systematisch zusammen und bewahrte sie so vor dem drohenden Untergang. – Im östlichen Reykjavík liegt das Freilichtmuseum Arbæjarsafn mit einer Vielzahl originaler Häuser aus dem Stadtgebiet; an Sommersonntagen werden dort alte Arbeitsmethoden demonstriert. – Die Nationalgalerie liegt am Stadtteich Tjörnin und präsentiert einen guten Querschnitt isländischen Kunstschaffens. – Im alten Hafen liegt das neue Städtische Kunstmuseum von Reykjavík. – Außerhalb der Hauptstadt gibt es zahlreiche Lokalmuseen mit unterschiedlichem Schwerpunkt: Schifffahrt und Fischerei (Hafnarfjörður, Eyrarbakki, Eskifjörður, Reykir am Fjord Hr'tafjörður, Ósafjörður, Hellissandur u.a.), Telekommunikation (Hafnarfjörður), nationaler und internationaler Flug (Hnjótur, im westlichsten Museum Europas), Zauberei (Hólmavík), Weltkrieg (Reyðarfjörður), Walfang und Kabeljaukriege (Akranes) und vieles andere mehr. Sie alle sind liebevoll zusammengetragen und oft in historischen Gebäuden untergebracht (Skógar, Glaumbær, Djúpivogur, Höfn, Ósafjörður u.a.) – Das Zentrum der Njáls-Saga in Hvolsvöllur dient der Erforschung und Vermittlung der Saga vom weisen Njál; rekonstruierte Höfe finden sich in Stöng, Südisland (Saga-Epoche) sowie in Eiríksstaðir bei Búðardalur in Westisland (Landnahme-Epoche) — In Akureyri illustriert das aus dem 19. Jahrhundert stammende Nonni-Haus die schriftstellerische Laufbahn des Jesuitenpaters Jón Sveinson (»Nonni«). – In Reykholt, Westisland (Borgarfjörður) ist am Wirkungsort des Historikers und Schriftstellers Snorri Sturluson (ermordet 1241) ein Kultur- und Sagazentrum entstanden; im Sommer finden auch Konzerte statt. – Die Wikingertage in Hafnarfjörður werden jeweils im Sommer von Kennern der Wikingerzeit bestritten, die in originalgetreuen Kostümen alte Handwerks- und Kampftechniken demonstrieren. – Das Heringsmuseum in Siglufjörður veranstaltet jeden Sommer ein Heringsfest, wo die Stimmung der Goldenen Heringsfangjahre zwischen den Weltkriegen wieder auflebt.

Mitternachtssonne: Besonders im Landesnorden lässt sich die Mitternachtssonne im Juni und Anfang Juli bestens beobachten. Zur Insel Grímsey am Polarkreis werden spezielle Exkursionen durchgeführt, um den Lauf der nächtlichen Sonne zu verfolgen.

Nordlicht: Es muss im Winter kalt, klar und dunkel sein, damit sich Nordlichter zeigen – am besten zu sehen außerhalb der Ortschaften.

Papiere, Devisen und Preise: Reiseschecks und Kreditkarten werden fast überall gern akzeptiert. Landeswährung ist die Isländische Krone; Umtauschkurs 2001: 1 DM = 37 IKR. - In Island wird vorwiegend hohe Qualität angeboten, was nicht gerade billig ist. Andererseits ermöglicht die Mehrwertsteuer-Rückerstattung von ca. 15 % des Ladenpreises auf Bekleidung, Schmuck, Wollwaren, Andenken u.a. gewisse »Einsparungen«.

Reisen auf eigene Faust: Flug und Leihwagen mit vorgebuchten Übernachtungsorten sind sehr beliebt. Bustickets für Linienbusse eine preiswerte Art, die Insel nach eigenem Gusto kennenzulernen.

Reisezeit und Klima: Der Golfstrom sorgt für ein gemäßigt-frisches, wechselhaftes Meeresklima. Das Hochland ist im Sommer nur wenige Wochen zugänglich – bei Schnee per Motorschlitten oder Superjeep. Durchschnittliche Temperaturen im August ca. 10°C, im Dezember ca. 0°C.

Robbenbeobachtung zu Fuß: Halbinsel Vatnsnes, einige Stellen der südlichen

Halbinsel Snæfellsnes. – Vogelfelsen finden sich auf der Halbinsel Reykjanes und den Westmänner-Inseln, wo die meisten Papageitaucher Islands brüten; des weiteren in Látrabjarg/Westfjorde mit der größten Tordalk-Kolonie Europas; wichtig ist ferner der Sandur Skeiðarársandur als weltweit größtes Brutgebiet der Großen Raubmöwe, und nirgends in Island brüten so viele und teilweise rare Entenarten wie am See Mývatn. Kurzschnabelgänse brüten in großen Kolonien im Hochland (þjórsárver, Eyjarbakkar), während die zugänglichste Eistaucher-Kolonie (Gavia immer) auf dem Bergrücken Hrútafjarðaháls liegt. – Ornithologische Bootsfahrten führen über die Bucht Breiðafjör ur ab Stykkishólmur oder zur Insel Skrúður.

Speisen und Spezialitäten: Die moderne isländische Küche kann sich international sehen lassen und konzentriert sich auf Fisch und Lammfleisch. Traditionelle Speisen und lukullische Kuriositäten werden zu bestimmten Festen serviert, z.B. dem porrablót im Winter oder am 23. Dezember – dann gibt es vergorenen Hai oder Rochen. Einen deftigen Eindruck davon vermittelt ganzjährig das Winkingerrestaurant in Hafnarfjörður. Die »feine« alte Küche kann beim Mittelalterbüffett in Skálholt, dem ehemaligen Bischofssitz, aber auch an Raststätten, die »typisch isländische Fleischsuppe« anbieten, gekostet werden.

Sportmöglichkeiten: Zu den drei beliebtesten Sportarten der Isländer zählen neben Fußball auch Reiten und Golf. In diesen Sparten gibt es eine Reihe guter und professioneller Angebote. Reitferien auf den geschickten Islandpferden führen oft tagelang durch das unbewohnte Hochland; bei längeren Touren ist stets eine Herde frei mitlaufender Wechselpferde mit von der Partie. Weniger Wagemutige können Kurztouren von vielen Orten rund um die Insel aus unternehmen. Golf wird im Sommer, wenn es fast immer hell ist, rund um die Uhr gespielt. Bekannt ist das Arctic Open in Akureyri, das in der Mittsommernacht um 0.00 Uhr beginnt ...
Wandern: Mehr als die Hälfte des Landes liegt höher als 400 Meter über dem Meeresspiegel, und weite Landesteile sind von Lava, Gletschern, Seen und Sandwüsten bedeckt. Nur an wenigen Stellen finden sich markierte Wanderwege; ohne Rucksack-Selbstversorgung und Zelt ist eine Durchquerung der Insel nicht möglich. Anspruchsvolles und besonders zauberhaftes Wandergebiet: Die verlassene Region Hornstrandir in den Westfjorden.
Wildwasserfahren ist auf mehreren Flüssen Nordwest- und Südislands möglich; unterschiedliche Dauer und Schwierigkeitsgrade.
Gletscherexkursionen führen auf die Eiskuppen mehrerer Gletscher, meist mit Schneekatzen und Motorschlitten. Auf dem Gletscher Vatnajökull befindet sich ein gutes Hotel.
Radfahren ist in Island auf Grund der Schotterstraßen, die in abgelegenen Landesteilen dominieren, der Steigungen und des Windes eine besondere Herausforderung. Notfalls kann auf den Linienbus umgestiegen werden, der auch Räder befördert.
Skilaufen - Pisten oder Langlauf, Weitgehend ohne Après-Ski & Zentren sind Reykjavík, Akureyri, Ósafjörður, Olafsvík, Siglufjörður u.a., meist erst ab der zweiten Winterhälfte und bis in den April hinein.
Schwimmen ist fast überall möglich. Die isländischen Schwimmbäder eignen sich hervorragend zum Wohlfühlen, bei jedem Wetter und zu jeder Jahreszeit.
Angeln: Lachsangeln ist lizenziert und teuer; Angellizenzen für Saiblinge oder Forellen sind wesentlich preiswerter und häufig ohne Vorbuchung vor Ort zu erhalten. Hochsee-Angeln ist von mehreren Häfen aus möglich.
Der Reykjavík-Marathon findet jährlich im August statt. Infos: HYPERLINK http://www.toto.is/mar. www.toto.is/mar.

Sprache: Isländisch ist eine germanisch-nordische Sprache, die seit der Besiedlung weitgehend unverändert geblieben ist. Die übliche Anrede ist du – »þú« – in Verbindung mit dem Vornamen, unabhängig vom sozialen Stand der angesprochenen Person. Familiennamen sind selten; die meisten Isländer tragen Herkunftsnamen.
Beispiel: Gagna Guðmundsdóttir ist Ragna, die Tochter von Guðundur, und ihr Bruder Hjalti Guðmundsson ist Hjalti, der Sohn von Guðmundur. Dieser Name bleibt das ganze Leben gültig, unbeschadet einer möglichen Eheschließung. Denn die Vaterschaft bleibt ja schließlich auch bestehen.

Übernachtungsmöglichkeiten: Vom 4-Sterne-Hotel in Reykjavík und einigen anderen Orten bis zum ruhigen Campingplatz im Windschatten einsamer Berge gibt es unzählige Unterkünfte. Besonders beliebt sind Bauernhof-Übernachtungen.

Unterwegs: Organisierte Rundreisen sind eine gute Möglichkeit, die wichtigsten Höhepunkte auf eine ganz bequeme Weise kennenzulernen, meistens per Bus mit Hotelübernachtung und Vollpension. Icelandair bietet Aktionen, um Fahrräder sehr kostengünstig zu transportieren. Wer *Island per Fahrrad* plant, sollte sich sehr gut vorbereiten! Witterungsbedingungen, Pistenbeschaffenheit und Flussdurchquerungen können die Radtour schnell zu einer Tortour werden lassen.
Island per Auto: Es muss nicht unbedingt ein Allradfahrzeug sein. Die Ringstraße (1400 km um Island) ist

mittlerweile zu ca. 90 % asphaltiert. Die Hochlandpisten Kaldidalur und Kjölur (keine Furten) sind in den Sommermonaten auch mit normalen PKWs zu bewältigen. Wer Routen befährt, auf denen Flüsse zu furten sind, sollte dies nur mit Allradfahrzeugen machen! Achtung: Immer vorher die Furt auf Untiefen, große Steine und Strömung erkunden!
Mit Zelt und Rucksack Island zu Fuß erleben, ist die beste Möglichkeit, ganz nah an der Natur zu sein. Doch sie birgt auch einige Gefahren. Beste Ausrüstung, gute Kondition und intensive Vorbereitung sind Voraussetzung. GPS von Vorteil, da ein Kompass wegen des eisenhaltigen Gesteins manchmal nicht korrekt arbeitet.

Wochenende im August: Open-Air-Festivals für alle Altersklassen; große Reise- und Grillfreudigkeit im ganzen Land. Ende August: Kulturnacht in Reykjavík. Kulturelle Ereignisse bis zum frühen Morgen. 23. Dezember/porláksmessa: Trubel in Reykjavík bis tief in die Nacht. 31. Dezember/Silvester: Ab etwa 20 oder 21 Uhr brennen große Jahreswechselfeuer in allen Gemeinden; um Mitternacht setzt eine Feuerwerksorgie ein, die unvergesslich ist.
Aktivisten finden in Island nahezu endlose Betätigungsfelder vor.

Zeit: Ganzjährig Greenwich-Zeit (GTM), d.h. es gibt weder Sommer- noch Winterzeit. Wenn es im Sommer in Reykjavík 12 Uhr ist, ist es 13 Uhr in London und 14 Uhr in Mitteleuropa.

Konzeption (verantwortlich), Lektorat, Bildredaktion und Gestaltung: Robert Fischer

Textnachweis: »Magisches Island« wurde von Michael Arnold verfasst, das Kapitel »Feuerinsel am Polarkreis« sowie die Einführungstexte zu den Regionalkapiteln schrieb die in Island lebende deutsche Autorin Gudrun M. H. Kloes. Das abschließende Kapitel »Reisen und Fotografieren« wurde von Michael Arnold und Gudrun M. Kloes gemeinsam verfasst.

Literatur- und Quellenverzeichnis: Michael Dremel und Karl Wiktorin, »Islandreisen aus alten Reiseberichten«, Band 1, Eichstätt 1994. Margaretha Pichl-Wolf, »Jeder hat seine Insel«, Bensheim o.J. Der Autor bedankt sich bei Margaretha Pichl-Wolf und Karl Wiktorin für die freundliche Unterstützung.

Bildlegenden: Michael Arnold

Alle Fotografien von Michael Arnold, außer: S. 30/31 (Matthias Möldner)

Hinweise: Keines der Bildmotive wurde digital manipuliert.

Kartografie: Elsner & Schichor, Karlsruhe

Alle Angaben dieses Werkes wurden von den Autoren sorgfältig recherchiert und auf den aktuellen Stand gebracht sowie vom Verlag auf Stimmigkeit geprüft. Für die Richtigkeit der Angaben kann jedoch keine Haftung übernommen werden. Für Hinweise und Anregungen sind wir jederzeit dankbar. Bitte richten Sie diese an den Bruckmann Verlag, Innsbrucker Ring 15, 81612 München.

Gedruckt auf chlorfrei gebleichtem Papier

Die Deutsche Bibliothek – CIP-Einheitsaufnahme – Ein Titelsatz für diese Publikation ist bei Der Deutschen Bibliothek erhältlich.

Gesamtverzeichnis gratis:
Bruckmann Verlag GmbH
Innsbrucker Ring 15
81612 München
www.bruckmann.de

Printed in Hungary by Realsystem
ISBN 3-7654-3671-2